江苏省集体林权制度改革辅导读本

江苏省林业局 编

中国林业出版社

图书在版编目(CIP)数据

江苏省集体林权制度改革辅导读本/江苏省林业局编. -北京：中国林业出版社，2009. 7

ISBN 978-7-5038-5633-4

Ⅰ. 江… Ⅱ. 江… Ⅲ. 集体经济:林业经济-经济体制改革-江苏省-学习参考资料 Ⅳ. F326. 275. 3

中国版本图书馆 CIP 数据核字(2009)第 103063 号

策　　划：邵权熙

责任编辑：张衍辉

出　版：中国林业出版社(100009　北京西城区刘海胡同 7 号)

网　址：www. cfph. com. cn

E-mail：cfphz@ public. bta. net. cn　**电话**：(010) 83282326

发　行：中国林业出版社

印　刷：三河市祥达印装厂

版　次：2009 年 7 月第 1 版

印　次：2009 年 7 月第 1 次

开　本：880mm × 1230mm　1/32

印　张：4. 75

字　数：100 千字

印　数：1 - 22000 册

定　价：10. 00 元

编　委　会

前　言

集体林权制度改革，是农村家庭承包经营制度在林业上的延伸拓展，是对农村土地经营制度的丰富完善，是促进现代林业发展，增加农民收入的重要举措，是建设生态文明、推动经济社会可持续发展的强大动力。党中央、国务院十分重视集体林权制度改革，胡锦涛总书记、温家宝总理和回良玉副总理等党和国家领导人多次深入基层考察和调研，并就集体林权制度改革作出重要指示。2008 年 6 月 8 日，中共中央、国务院下发《关于全面推进集体林权制度改革的意见》。2009 年 6 月 22 日至 23 日，中央专门召开林业工作会议，对推进集体林权制度改革作出全面部署。

中央《意见》出台后，省委、省政府主要领导高度重视，省委常委、副省长黄莉新召开专题会议，认真学习、研究贯彻落实措施，并要求省林业局抓紧调查研究，结合江苏实际，提出具体贯彻意见。

我省林权制度改革探索较早。2000 年 2 月，省政府下发《关于推进林业产权制度改革的意见》，林权制度改革在全省各地逐步推开。2004 年 2 月，省委、省政府作出《关于推进绿色江苏建设的决定》，提出要大力推进林权制度改革，完善林业管理体制和经营机制。林权制度改革有效地调动了广大农民和社会力量参与林业建设的积极性，全省造林绿化投资结构逐步多元化，造林绿化步伐逐年加快，森林资源总量不断增加，质量不断提高。尽管我省集体林权制度改革开展较早，基础较好，深化工作正在加快推进，但制定相关配套政策、规范完善改革措施等任务依然繁重。

为深入贯彻中央《意见》精神，进一步解放和发展林业生产力，建立适应现代林业发展要求的集体林权制度和经营机制，加快绿色江苏建设步伐，2008 年 11 月 24 日，省政府制定下发了《关于深化集体林权制度改革的实施意见》。《实施意见》是我省集体林权制度改革指导性、纲领性文件，规定了改革的目标任务、基本原则、主要方式和具体内容，对我省深化集体林权制度改革进行了全面部署。根据我省集体林资源分散、零碎，农民对林地生产资料的依赖性弱，集体林地是公益林建设主要阵地等实际情况，《实施意见》明确我省可以通过均股、均利和家庭承包经营等方式明晰产权。为规范各地改革工作，增强改革政策的可操作性，省林业局结合中央《意见》、省政府《实施意见》精神和江苏实际，制定了《江苏省集体林权制度改革具体操作办法（试行)》，对均股、均利等改革范围、改革形式、凭证发放、利益分配等做出了具体规定，并对改革中可能出现的重点、难点、热点问题提出了解决办法，规范相关程序，约定了与均股均利改革有关的其他事项。

为便于准确掌握、全面落实中央《意见》和省政府《实施意见》精神，更好地指导全省深化集体林权制度改革工作，省林业局组织编写了《江苏省集体林权制度改革辅导读本》。读本共分四部分，对《意见》和《实施意见》涉及的80个有关问题进行具体分析和详细解读。读本涵盖了集体林权制度改革工作的各个方面，针对我省集体林权制度改革过程中的具体问题，有针对性的进行了剖析说明，对改革中的具体工作，提供了具体解决方案；运用相关法律法规知识，对集体林权制度改革的各项政策规定进行了解释。读本具有很强的政策性、指导性和实用性，有助于全省广大林业干部职工和广大林农群众通过学习，认真领会中央《意见》和省政府《实施意见》的精神实质，扎实健康推进我省集体林权制度改革，努力开创集体林业发展新局面，为绿色江苏和我省社会主义新农村建设做出更大贡献。

编　　者

二〇〇九年七月六日

目　录

三、配套改革篇

四、机制保障篇

改革综述篇

1. 我国集体林权制度变迁历程

新中国成立以来，集体林权制度变迁大体经历了四个阶段：一是土改时期的“分山分林到户”；二是农业合作化时期的“山林入社”；三是人民公社时期的“山林集体所有、统一经营”；四是改革开放初期的“林业三定”（稳定山权林权、划定自留山和确定林业生产责任制）。这四个阶段的林权制度是各个时期经济社会发展的历史产物，不同程度地推动了集体林业的发展。但是，随着社会主义市场经济体制的逐步建立，集体林产权虚置、农民经营主体地位不落实等问题日益突出，严重制约了农民发展林业的积极性，阻碍了林业生产力的发展。中国现有林地 43 亿亩，林地的平均经济产出率为每亩 22 元，而中国 18 亿亩耕地的平均经济产出率已达 686 元，林地经济产出率远远低于耕地经济产出率。

2003 年，《农村土地承包法》实施和《中共中央 国务院关于加快林业发展的决定》出台后，我省和福建、江西、辽宁等省都进行了以“明晰产权，放活经营权，落实处置权，保障收益权”为主要内容的集体林权制度改革的大胆探索，并取得了显著成效。胡锦涛总书记、温家宝总理、回良玉副总理近年来多次考察集体林权制度改革工作，做出了一系列重要指示。2008 年 6 月 8 日《中共中央 国务院关于全面推进集体林权制度改革的意见》（中发〔2008〕10 号，以下简称《意见》）出台后，集体林权制度改革进入了全面推进和深化阶段。《中共中央 国务院关于2009年促进农业稳定发展农民持续增收的若干意见》（中发〔2009〕1号）要求将集体林权制度改革作为稳定完善农村基本经营制度的重要内容全面推进。

2. 林业“三定”的内容是什么

1981年3月8日，中共中央、国务院下发了《关于保护森林发展林业若干问题的决定》，同年，中共江苏省委、江苏省人民政府下发了《关于加强林业建设若干问题的决定》（苏委发〔1981〕60号），要求各地开展以“稳定山权、林权，划定自留山，确定林业生产责任制”为内容的林业“三定”工作。

3. 改革开放以来我省林权制度改革回顾

20世纪80年代，省委、省政府下发《关于加强林业建设若干问题的决定》（苏委发〔1981〕60号），全省开展了以“稳定山权林权、划定自留山和确定林业生产责任制”为主要内容林业“三定”。20世纪90年代，我省苏北一些地方开展了林木承包经营改革，90年代末期，盐城、淮安等地在总结林木承包经营经验的基础上，对平原农区的林业，尤其是对农田防护林体系的林木栽植、管护、分配等管理机制进行了积极探索，建立了适应当地高效林业发展需要的新型林业产权制度，极大地调动了投资者、生产者、管理者的积极性。为把这项改革引向深入，2000年2月29日，省政府下发了《关于推进林业产权制度改革的意见》（苏政发〔2000〕29号），林权制度改革在全省各地逐步推开。改革的范围主要是农田林网、各种河渠圩堤、竹林、经济林、宜林荒山荒滩及退耕还林等国有和集体林地，改革的方式上较多地引入了竞价拍卖、招标承包、租赁经营、股份合作等多种方式，允许农村集体经济组织内成员以及集体经济组织外成员依法参与林改，并鼓励和倡导大户经营、公司化经营等规模化经营形式。2000 年以来，为了深入推进林权制度改革，进一步调动广大干部群众参与林权制度改革的积极性，切实保护林权权利人的合法权益，我省陆续出台了多项法规、政策或规范性文件。2002 年出台《江苏省林业局关于调整人工用材林采伐管理政策的通知》（苏林政〔2003〕4 号）。2003 年，召开全省非公有制林业发展经验交流会，表彰了全省发展非公有制林业的先进单位和个人。2004 年，出台《中共江苏省委、江苏省人民政府关于推进绿色江苏建设的决定》（苏发〔2004〕5 号），提出要大力推进林业产权制度改革，完善林业管理体制和经营机制，增强林业发展活力，迅速推进了全省林权制度改革。2006 年，省人大颁布《江苏省生态公益林条例》。上述法规政策及规范性文件的出台，为全省林权制度改革创造了良好条件。我省林权制度改革取得了显著的成效，促进了造林绿化投资结构的多元化和投资渠道的社会化，加快了造林绿化步伐，有效增加了森林资源总量，提高了林业生产水平。但对照此次在全国范围内全面推开的集体林权制度改革的要求，我省集体林权制度改革还需要进一步规范和完善。2008 年 6 月，中央出台《意见》

后，在深入调研和广泛征求意见的基础上，11 月，省政府出台《关于深化集体林权制度改革的实施意见》（以下简称《实施意见》），我省集体林权制度改革在 2000 年以来林权制度改革的基础上，将进入全面深化阶段。

4.《实施意见》出台的背景

（1）《实施意见》是新一轮集体林权制度改革在全国范围内全面推进的大背景下出台的。截至目前，福建、江西、辽宁、浙江和云南等 5 个省已完成以明晰产权为主的主体改革任务，正在大力推进全方位的配套改革；河北、安徽、湖北、重庆、河南、贵州、四川、湖南、内蒙古、广西、吉林、海南、黑龙江等 14 个省（区、市）正在全面推开主体改革。我省在试点基础上正在全面推开。全国有 28 个省（区、市）以党委或政府名义出台了集体林权制度改革文件，30 个省（区、市）成立了集体林权制度改革领导小组，设立了专门的林改机构。集体林权制度改革已形成了全面推进的态势，为正确把握改革方向，进一步解放和发展林业生产力，发展现代林业，增加农民收入，建设生态文明，中央出台了《意见》。省政府因势利导，根据中央《意见》，结合我省实际，制定出台了《实施意见》。

（2）《实施意见》是对我省前一轮林权制度改革工作的深化和延续。2000 年，省政府出台了《关于推进林业产权制度改革的意见》（苏政发〔2000〕29 号），各地按照林地所有权和使用权“两权分离”的原则，积极推进林权制度改革，促进了林业资源的优化配置和林业生产经营要素的自由流动，建立了投资者、经营者、管理者多元化的责、权、利相统一的经营管理新机制，把我省林业生产提高到一个新水平。但对照中央《意见》精神，我省2000年以来全省开展的林权制度改革尚有许多需要进一步完善和规范的地方，中央《意见》中提出的各项配套改革，我省也尚未进行全面系统的推进。因此，《实施意见》根据中央的《意见》，在我省2000年以来全省开展的林权制度改革的基础上，就继续深化集体林权制度改革做出了具体规定。

(3)《实施意见》是针对我省林情实际制定的。为确保《实施意见》的科学可行性，增强改革实践中的可操作性，根据集体林权制度改革相关要素，省林业局开展了广泛的调查研究，进行了详细的数据统计。结果显示，全省有集体林权制度改革任务的集体林地面积1257万亩，其中，基本完成改革任务的905.4万亩，占有改革任务集体林地面积的72%，包括自留山、责任山面积131.8万亩，以及其它已经初步明确经营主体的集体林地面积773.6万亩；尚由集体统一经营的集体林地面积351.6万亩，占有改革任务集体林地面积的28%。对照中央《意见》的要求，结合江苏实际，全省深化集体林权制度改革的主要任务为：用2年左右时间，对351.6万亩仍由集体统一经营的集体林地，坚持尊重农民意愿和因地制宜、分类指导的原则，区别不同情况推进改革。对已初步明确经营主体、基本完成主体改革任务的，抓紧做好勘界发证、完善承包或流转合同、规范档案管理等工作，巩固发展改革成果。

5.《实施意见》起草过程及基本框架

2008年6月8日，中央《意见》下发后，6月11日，省委副书记、省长罗志军，省委常委、副省长黄莉新分别作出批示，要求省林业局认真研究，结合江苏实际，提出贯彻落实意见。黄莉新副省长多次召开专题会议，研究如何深化全省集体林权制度改革。按省领导批示要求，6月中旬，省林业局抽调专人成立集体林权制度改革工作办公室，研究全省林改工作推进方案。7月下旬至8月上旬，省林业局组织调研组在全省范围内开展了调研。8月中旬，对调研情况进行梳理并形成调研报告，提交省政府。8月下旬，省林业局开始组织起草省政府《实施意见(代拟稿)》。在代拟稿起草和修改的过程中，共7次征求各市林业主管部门、省各有关单位、有关政策法规专家、高校学者和部分基层林业专业人员的意见，经过30多轮次修改完善，经省相关单位会签后，送省领导审核，按照省领导审核的意见，省林业局又再次对《实施意见》进行了修改完善。2008年11月24日，《实施意见》正式颁布。

《实施意见》分四个部分共十七条。第一部分，明确了深化改革的指导思想、基本原则和总体目标。第二部分，明确了深化改革的主要内容。包括六个方面，即改革的范围和重点、明晰产权、勘界发证、放活经营权、落实处置权和保障收益权。第三部分，明确了改革的配套政策措施。具体包括完善林木采伐管理、森林资源资产评估体系和流转市场、林业投融资政策、乡镇林业站和林业社会化服务体系、支持集体林业发展的公共财政制度等五个方面。第四部分，强调了要切实提高改革的组织领导水平。

6. 我省深化集体林权制度改革的指导思想

《实施意见》提出深化集体林权制度改革的指导思想是：全面贯彻党的十七届三中全会和省委十一届五次全会精神，以科学发展观为指导，紧紧围绕实现“两个率先”和绿色江苏建设目标，不断创新集体林业经营的体制机制，进一步明晰林地使用权和林木所有权，放活林地林木经营权，落实处置权，保障收益权，加快林业发展步伐，为建设社会主义新农村和构建社会主义和谐社会做出积极贡献。

《实施意见》根据中央《意见》的指导思想和我省的实际，对我省深化集体林权制度改革进行了科学定位，以科学发展观统领改革，要求紧紧围绕实现“两个率先”和绿色江苏建设的目标，强调林业经营体制机制的创新，重点突出明晰产权、放活经营权、落实处置权、保障收益权，实质上就是进一步解放和发展林业生产力，促进传统林业向现代林业转变，加快林业发展。

7. 我省深化集体林权制度改革的基本原则

《实施意见》提出深化集体林权制度改革的基本原则是：坚持农村基本经营制度，积极稳妥推进改革，确保规范操作；坚持统筹兼顾各方面利益，尊重农民意愿，确保农民得实惠、生态受保护；坚持因地制宜，依法办事，确保改革符合当地实际。

基本原则从三个方面高度概括：第一，坚持农村基本经营制度是农村改革实践的经验总结，也是集体林权制度改革的核心政策，改革就是要确保农村集体成员平等地享有农村集体林地和林木的所有权，要围绕这一核心，规范改革的程序，积极稳妥地推进。第二，改革涉及到相关利益群体，需要妥善处理好各方面利益关系。既要维护集体利益，又要做到“还利于民”。要确保农民的知情权、参与权、决策权，让农民切切实实成为改革的决策和实施主体，改革的政策、内容、方法要让农民明白，改革的结果要让农民满意，真实体现大多数农民的意愿。要让农民在林业生产经营中多得利，同时也要坚持不以牺牲生态为代价，把生态受保护作为改革的底线。第三，改革要实事求是，根据当地的社情、林情，依法选择适合当地实际的改革模式，不搞一刀切，使改革更加具有当地特色，更加适应当地发展要求；要严格执行《物权法》、《农村土地承包法》、《森林法》、《村民委员会组织法》等法律法规和党在农村的各项政策，使改革规范、有序。

8. 我省深化集体林权制度改革的总体目标

《实施意见》提出深化集体林权制度改革的总体目标是：用2年左右时间，基本完成明晰产权、落实集体林地使用权和林木所有权的改革任务。在此基础上，逐步完善政策，建立产权归属清晰、经营主体明确、责权划分具体、利益分配合理、流转程序规范、融资渠道通畅、监管服务到位的集体林权制度，实现资源增长、林业增效、农民增收、生态改善的目标。

《实施意见》提出了用2年左右时间，基本完成明晰产权、落实集体林地使用权和林木所有权的改革任务，这比中央《意见》提出的“用5年左右时间，实现基本完成明晰产权、承包到户的改革任务”提前了3年。这样规定主要基于以下考虑：(1)我省早在上个世纪九十年代就开始林权制度改革的探索，2000年省政府出台《关于推进林业产权制度改革的意见》(苏政发〔2000〕29号)，我省集体林权制度改革已经有了一定的基础。(2)我省以平原丘陵为主，集体林资源总量小，集体林权制度改革过程中，实地勘界、登记发证等工作量相对于资源大省和山区省要小。(3)根据《实施意见》的规定，我省以均股均利等多种方式明晰产权，工作量相对均山、均地小。

在基本完成明晰产权、落实集体林地使用权和林木所有权的改革任务基础上，积极完善集体林权制度改革的配套政策，进一步深化林业管理体制和经营机制，逐步建立现代林业产权制度，形成集体林业的良性发展机制，从而实现资源增长、林业增效、农民增收、生态改善的目标。

9. 集体林权制度改革中应注意哪些问题

集体林权制度改革是一项涉及面广、政策性强的工作，必须精心组织、周密安排、积极稳妥地推进。改革中应注意以下几个问题：

（1）要充分发扬民主，做到公开、公平、公正。农民是集体林权制度改革的主体，也是改革的受益者和操作者，要充分尊重群众意愿，引导、尊重农民自主选择改革方式，不得搞强行命令。要让群众参与改革，依靠群众搞好改革，“阳光”操作，不允许暗箱操作。在改革操作过程中必须坚持按政策办事，不允许违背政策另搞一套，各级领导干部尤其要以身作则，带头执行政策和纪律，按照廉洁从政的要求，决不允许利用职权为亲友捞取好处。各有关组织和单位决不能借改革之机私分钱物。

（2）要坚持分类指导。各地要根据当地森林资源状况、经济发展水平，社情民意、村情林情，因地制宜地制定具体改革方案，允许存在差异性和多样性，绝不能强求一律，搞一刀切。

（3）要统筹兼顾，坚决维护好森林资源的安全。改革要做到让农民得实惠，还利于民；要做到维护集体利益，壮大集体经济组织经济实力，提高集体经济组织可持续发展能力；要坚持不以牺牲生态为代价，把生态受保护作为改革的底线，维护生态安全。正确处理好质量与进度的关系，在深入调查研究，广泛听取基层和林农意见的基础上，制定切实可行的改革方案，明确改革程序，严格规范操作，先试点后推开，坚决防止应付了事、走过场的倾向，确保改革工作经得起历史检验。

（4）要高度重视维护社会稳定工作。改革涉及广大林农切身利益，许多地方存在的老问题还没有解决，可能还会因改革出现新问题，引发新矛盾。因此，各级党委政府要高度重视改革中的社会稳定工作，必须把维护社会稳定贯穿于改革的全过程，决不可掉以轻心，麻痹大意。要重视群众来信来访工作，各级林业部门要安排专门力量接待和处理群众来信来访，对林农反映突出的问题，要派得力干部及时进行调查处理，决不可置之不理或久拖不决。要按照“分级负责、属地管理”的原则，依据相关法律法规和有关政策，积极做好林权纠纷调处工作，做到户与户纠纷不出组，组与组纠纷不出村，村与村纠纷不出乡，乡与乡纠纷不出县，县与县纠纷不出市。

（5）要坚持科学发展，推进配套改革。在改革过程中要注意正确处理好保护与发展、主体改革与配套改革的关系，要超前谋划，认真研究改革中出现的各种新情况和新问题。要以改革促进发展，以发展检验改革，通过集体林权制度改革，让森林资源多起来，林业产业活起来，广大林农富起来，集体经济强起来。

10.《农村土地承包法》在制度设定上对林业有哪些特别的法律规定

在《农村土地承包法》立法过程中，考虑到林业在生态环境建设中的主体作用和林业生产经营的特殊性，对林业有以下特别的规定：

(1)明确规定了林业主管部门的职责。该法规定“国务院农业、林业行政主管部门分别依照国务院规定的职责负责全国农村土地承包及承包合同管理的指导。县级以上地方人民政府农业、林业等行政主管部门分别依照各自职责，负责本行政区域内农村土地承包及承包合同管理。”这就是说，从立法上明确了国务院和地方人民政府林业行政主管部门是林地承包的行政管理部门，具有负责农村林地承包及承包合同管理的职能。

(2)明确了林地承包是《农村土地承包法》调整的范围。该法规定：“本法所称农村土地，是指农民集体所有和国家所有依法由农民集体使用的耕地、林地、草地以及其他依法用于农业的土地”。从而明确了林地是这部法律的调整范围。也就是说，凡涉及林地承包和流转关系的，此法是其基本的法律依据。

(3)进一步规范了林地登记制度。与《森林法》的有关规定相衔接，再一次确认了林权证的法律地位，明确了承包林地及其流转有关权属登记的规定，体现了我国法制建设的统一性。

(4)规范了宜林“四荒”地的流转。该法规定：“通过招标、拍卖、公开协商等方式承包农村土地，经依法登记取得土地承包经营权证或者林权证等证书的，其土地承包经营权可以依法采取转让、出租、入股、抵押或者其他方式流转”。并规范了流转程序。

(5)明确了林地承包期限。为适应林业生产经营周期长的特点，该法对林地的承包期作了特殊的法律规定，即“林地的承包期为三十年至七十年；特殊林木的林地承包期，经国务院林业行政主管部门批准可以延长”。

（6）对收回和调整林地做了特殊规定。为了稳定林地的承包经营权，该法规定：“承包期内，承包方全家迁入设区的市，转为非农业户口的，应当将承包的耕地和草地交回发包方。承包方不交回的，发包方可以收回承包的耕地和草地”。上述收回规定中没有包括林地，这就是说，在承包期内，可不采取对林地收回的措施。同时规定：“承包期内，因自然灾害严重毁损承包地等特殊情形对个别农户之间承包的耕地和草地需要适当调整的，必须经本集体经济组织成员的村民会议 2/3 以上成员或者 2/3 以上村民代表的同意，并报乡（镇）人民政府和县级人民政府农业等行政主管部门批准。承包合同中约定不得调整的，按照其约定”。上述调整规定中也没有包括林地，也就是说在承包期内，不采取对林地调整的办法。

（7）对林地承包权的继承作了特殊的规定。该法规定：“承包人应得的承包收益，依照继承法的规定继承。林地承包的承包人死亡，其继承人可以在承包期内继续承包。”

主体改革篇

11. 通过均股均利方式进行集体林权制度改革的程序和步骤

调查摸底—制定方案—张榜公示方案—召开会议—张榜公示股权登记表—发放股权证—申领林权证—建立档案。

12. 改革方案制定前调查摸底工作主要程序和内容

（1）成立改革工作组织机构。根据改革的工作量设立相应的改革工作小组，组成人员以本集体经济组织成员为主，同时，要具体明确改革工作小组及其工作人员的职责和权限。当地政府及林业等有关业务部门派驻的工作人员也可以作为改革工作小组的组成人员，但其主要任务是工作指导，不得包办代替。

（2）掌握本集体经济组织成员状况。摸清本集体经济组织的成员数和农户数，是制定改革方案的基础性工作，需要以户为单位进行登记造册。

（3）掌握本集体经济组织林权状况。集体林权主要是以林业“三定”时确定的林权为依据，在此基础上，收集林业“三定”以来林权变动资料，具体包括林地使用情况登记表册、林权证、山林使用证、合同书、协议书、判决书或裁定书等。对权利人提交的山林权属来源证明，改革工作小组应进行确认并收集复印件。根据本集体经济组织的林权资料，分别林地使用权类型情况进行登记。

（4）掌握林地林木权属争议纠纷情况。对本集体经济组织存在的林地林木权属争议纠纷，要进行全面的排查工作，以宗地为单位，登记林地林木权属争议纠纷情况，收集林权权源资料并进行分类统计。对林地林木权属争议涉及本集体经济组织以外的单位和个人的，要主动联系，积极调处，并报当地政府林权制度改革工作机构。

（5）开展林权现状实地调查。实地调查是林权现状登记过程中的一项重要工作，是明晰产权的一项关键性工作，也是减少或避免纠纷产生，将纠纷调处于基层的重要一环。集体经济组织林权制度改革工作组和乡村干部要组织权利人和相关利害关系人，对每个宗地林权界限进行全面核实登记，做到“三有”（有草图、有估算面积、有明显界至）、“三无”（无纠纷、无重证、无漏登），确保林权资料与实地相符。

（6）掌握农民对改革的意愿。要通过广播、黑板报、召开村民座谈会等多种形式开展改革宣传活动，让村民事先了解改革的精神和原则，了解国家法律和方针政策。在此基础上，详细了解村民对集体林权制度改革的反映、看法、要求、意见、建议等，特别要掌握村民对集体林权制度改革改什么、怎么改、何时改的意见。

13. 村组集体林权制度改革方案应包括哪些内容

集体经济组织在调查摸底的基础上，制定改革方案，方案要详细、准确、合法、有可操作性。改革方案要包括林改工作小组情况，集体经济组织的成员状况和林地、林木等基本情况，改革的主要范围和内容，改革方法以及保障措施等。集体经济组织的成员状况和林地、林木等基本情况要具体明确，特别是林地、林木基本情况要列出集体经济组织不同类型林地、林木的面积以及经营现状，包括宗地数、宗地类型（自留山、家庭承包经营林地、其他方式承包或流转的林地、集体经营林地、有林权争议林地等）、面积、坐落（地名、四至）、权源依据等。改革方法要针对不同类型的林地、林木，参照《江苏省集体林权制度改革具体操作办法（试行）》（苏林改办〔2009〕5 号，以下简称《操作办法》）的有关条款，制定出具体、详细的步骤、方法，确保改革后股权明确到人、利益分配到人；保障措施要从会议、培训、职责、人力、纪律等方面加以明确，及时解决改革中出现的问题和困难，确保改革顺利推进。

14. 制定集体林权制度改革方案应注意的问题

《实施意见》要求“集体林地林木产权改革方案，要按照村民民主议事的方式审议通过”。这里所称“改革方案”，是指集体经济组织林权制度改革实施方案，包含承包方案。改革方案要求按照村民民主议事方式通过，就是要求改革时农村集体经济组织要进行民主决策。按照《村民委员会组织法》的规定，尊重集体经济组织依法独立进行经济活动的自主权，保障集体经济组织及其成员的其他合法权益。在具体制定和实施过程中要注意以下问题：

（1）要符合国家法律和政策的规定。改革的内容、程序、方法等各方面都要符合国家法律和政策的规定，确保改革成果合法有效，经得起历史的检验，能受到法律的保护。

(2)要体现大多数村民的意愿。要维护村民依法应当享有的知情权、参与权和决策权，确定什么样的改革内容、选择什么样的改革模式，都应当依法由村民选择，体现大多数村民的意愿。同时，要注意做到统筹兼顾，确保集体经济组织的正常运转，形成可持续发展的保障机制。

(3)要履行法定程序通过生效。改革方案是实施改革的依据，事关改革能否顺利进行。要按照《村民委员会组织法》和《农村土地承包法》规定的程序，召开村民会议通过生效，即通过本集体经济组织的村民会议三分之二以上成员或由村民会议授权的三分之二以上村民代表(或户代表)同意，方可生效实施。

(4)要保持政策的连续性和稳定性。集体林权制度改革涉及到林业经营者的利益调整，在制定改革方案过程中，要保持政策的连续性和稳定性，已经依法明确的林地使用权和林木所有权要予以维护，不得借改革之机推倒重来、重新分配或无偿平调。集体林地的产权关系也不能因行政区划的调整而随意变更。

(5)要因地制宜地选择明晰产权的方式。我省区域经济社会条件和森林资源分布差异明显，各区域对林业的目标定位不同，决定着各区域的集体林权制度改革的方式应当因地制宜地选择，符合当地社情、林情的实际。

我省人均林地资源量较小，实行均分后不利于林业生产经营，也不利于产生一定的经济效益，按照《实施意见》的要求，可优先考虑引导农民选择均股均利的方式明晰产权，同时依法明确所得收益的分配方法。

15. 县、乡、村的改革方案需要经过哪一级批准

县级改革方案，报设区的市政府批准，同时报省集体林权制度改革工作领导小组办公室备案；各乡镇改革方案报县(市、区)政府批准，同时报市集体林权制度改革工作领导小组办公室备案；各集体经济组织的改革方案经林地所有权所属集体经济组织村民大会或村民代表会议讨论通过后，经乡镇政府批准，同时报县集体林权制度改革工作领导小组办公室备案。

16. 村组集体林权制度改革方案如何通过

(1)公示改革方案。在村民居住地的明显位置张贴改革方案的全部内容，并对有关具体事务进行说明。有条件的还需印发改革方案至每个农户，让全体村民都明白改革方案的内容，自觉遵守改革方案，主动支持和参与改革工作。

(2)修改完善改革方案。根据公示后村民提出的意见，对改革方案修改完善。

(3)召开村民会议。按照法定程序，召开村民会议，讨论通过改革方案，经过本集体经济组织村民会议三分之二以上成员或由村民会议授权的三分之二以上村民代

表（或户代表）同意，方能确认方案通过。村民会议或村民代表会议要形成会议决议，包括参加人员，会议时间地点，方案通过的票决方式，表决结果，决议应由每个参会的村民签名，也要由监票人、计票人、列席会议有关领导和工作人员签名见证。

（4）报送批准和备案。报送乡镇人民政府批准，同时报县集体林权制度改革工作领导小组办公室备案。

17. 集体林权制度改革中哪些事项需要进行公示

（1）村组集体林权制度改革方案在村民会议前要公示。

（2）股权登记表要公示。

（3）林权登记发证时登记机关对受理的登记申请要进行公示。

村组集体林权制度改革方案和股权登记表公示地点为本集体经济组织内的公开栏和明显位置，公示期为7天以上；林权登记申请的公示地点为森林、林木和林地所在地，公示期为30天。公示内容必须存档，有条件的地方可对公示榜进行拍照存底。

18. 集体林权制度改革中哪些事项需要民主决策

尊重群众意愿，实行民主决策，直接关系到集体林权制度改革的成败。主要有三个方面的内容必须按“2/3多数同意”的原则，经本级集体经济组织村民民主决策：（1）农村集体经济组织改革方案。（2）流转集体林的招投标方案。包括拟流转集体林的评估作价、流转方式、流转年限、流转价格或分成比例等，都应事先经过村民民主决策；(3)收入分配方案。包括流转集体林和集体统一经营林地和林木的收入如何分配等，必须经过村民民主讨论决策。

19. 集体林权制度改革中民主决策应当如何操作

根据《村民委员会组织法》规定，村民民主决策的主要形式是，召开村民会议或者由村民会议授权的村民代表会议进行讨论和表决。为保证村民会议或村民代表会议顺利进行，有四点需要注意：(1)会前必须做好充分的酝酿，在公示林改方案的基础上还可以开展一些家访，召开一些小范围的党员会议、村干部会议等，也可以开展与村民对话，让大家事先对“方案”有充分的讨论和酝酿，根据大家的意见，对改革方案进行修改完善，为会议讨论通过打好基础。(2)做到“三签两不准”，即开会通知要签收，到场开会要签到，表决要签名，签收、签到、签名不准用铅笔或圆珠笔，不准他人代签。(3)要严格把握“两个三分之二”，即：参加村民会议或由村民会议授权的村民代表会议的人数必须超过应到会人数的2/3，表决通过的票数必须达到到会人数的2/3以上，否则表决结果无效。对于外出打工人员较多的地方，可以按照“三分之二以上农户”同意方式操作。(4)村民会议或村民代表会议必须集中召开，且当场表决，一人一票，当场验票并宣布表决结果，经监票人、计票人签名确认的表决结果要存档保管备查。

20. 明晰产权的方式

省政府《实施意见》提出："在坚持集体林地所有权和林地用途不变的前提下，依法将集体统一经营的集体林地和林木，通过均股、均利等方式将产权落实到本集体经济组织的农户"。如此规定主要考虑到以下实际情况：(1)我省是经济相对发达的平原农区，农民对林地生产资料的依赖性较弱，绝大多数农民长期以来不以林业生产为主要生活来源。(2)我省集体林资源总体上分散、零碎，多数地方人均林地不足1亩，家庭承包经营增加了经营投入成本，难以给农民带来较高的收益；"按户承包、按人分地"的方式在操作时需要考虑林地远近、立地条件、附着林木的数量和质量等诸多因素，难以做到平均分配，易诱发农村社会的不稳定。(3)我省集体林地是生态公益林建设的主战场之一。很多集体林地本身立地条件很差，生态环境脆弱，从生态建设的角度出发，这部分集体林地应当主要用于生态公益林建设。在生态公益林生态效益补偿标准还不高的情况下，家庭承包经营可能会使多年的生态公益林保护成果遭到严重的破坏，出售墓地、采挖石头等现象难以遏制，选择集体统一经营的方式有利于生态公益林的保护。(4)根据我省经济社会发展的现状，实行适度的林业规模经营，有利于吸引社会资本投向林业，充分发挥林地资源的规模效益。

中央《意见》规定，通过家庭承包经营的方式将林地承包经营权和林木所有权落实到本集体经济组织的农户，对不宜实行家庭承包经营的林地，依法经本集体经济组织成员同意，可以通过均股、均利等其他方式落实产权。在充分考虑上述我省社会经济发展的具体情况和林业自身特点的基础上，遵循中央《意见》中“坚持分类指导，确保改革符合实际”和“农民得实惠、生态受保护”的基本原则，《实施意见》明确我省以均股、均利等方式明晰产权。一是人均林地面积较大、农民依赖程度较高的，可以采取均股、均利或承包经营等方式明晰产权；二是人均面积较少、农民依赖程度较低的，可以采取招标承包或集体统一经营等方式明晰产权，明确管护责任和收益分配办法；三是省级以上公益林，可以提倡实行集体统一经营管护为主，明确收益分配办法。为使改革政策更具有可操作性，省林业局制定了《江苏省集体林权制度改革的具体操作办法(试行)》，在集体林权制度改革过程中，集体经济组织要依法按村务公开的要求，针对均股均利改革后林地、林木经营开发、股权管理、收益分配、资金监管等方面建立健全相关制度，保障改革既定目标的实现。

21. 适用均股均利方式明晰产权的范围

可采用均股均利方式改革的集体林权类型有：

(1)仍由集体经济组织统一经营的林地、林木，包括仍由集体经济组织所有并由集体经济组织统一经营的商品林、公益林等。

上世纪七、八十年代，集体经济组织为方便村民获取薪柴杂草，分给村民允许其从中取柴取草的林地。随着经济社会的发展，目前村民已多年不再到所分的林地中割柴取草，林地的经营管理事实上一直由集体经济组织负责。此类林地原则上按集体经济组织统一经营的林地处理。

(2)在本轮集体林权制度改革以前，已通过招标、拍卖、公开协商等方式流转的集体经济组织的林地、林木。其中符合法律规定、承包或流转合同规范的，予以维护，仍由原经营主体经营管理，纳入均股均利改革范畴处理，并将初始产权分配落实到本集体经济组织成员；合同不规范的，要予以完善，完善后仍由原经营主体经营管理，纳入均股均利改革范畴处理。已流转但不符合法律规定的，应依法纠正后，再根据实际情况按《操作办法》有关款项重新纳入均股均利改革范畴处理。

(3)几种特殊类型的林地，主要包括：一是林业“三定”后，将本集体经济组织林地交由有关单位使用、管理，建立各种类型林场、自然保护区、风景名胜区等的林地；二是经营者自行开发经营的集体经济组织“四荒”地。

在改革前已采取农村集体经济组织内部家庭承包经营的林地、林木，存在林权争议，且争议未得到调处的林地、林木，都暂不纳入均股均利改革范围。已划归集体经济组织成员经营的自留山由农户长期无偿使用，不纳入均股均利改革范围；林业“三定”前，集体经济组织交由有关单位使用、管理，建立各种类型林场、自然保护区、风景名胜区等的集体经济组织林地，要维持现行体制，保持经营管理单位的稳定，不纳入均股均利方式改革范围。

22. 均股均利形式和凭证登记发放

集体经济组织统一经营的集体林地、林木改革，按此次改革时，由本集体经济组织成员的村民会议或由村民会议授权的村民代表大会(或户代表)认可的人口，将每宗林地、林木以平均的方法进行折股，确定出股权总份数和各集体经济组织成员应享有的股权。

依法通过招标、拍卖、公开协商等方式流转的集体经济组织的林地、林木，在依法维护原经营主体继续经营管理的前提下，按上款办法进行初始产权分配。

股权期限原则上为70年。届满后，可以按国家有关规定，对原有股权期限进行延续，也可以由集体经济组织根据实际情况，进行调整和重新分配。股权凭证由实施改革的集体经济组织负责登记发放，登记发放的工作程序必须符合法定民主议定程序。

23. 均股均利后利益如何分配

《实施意见》规定："按照均股均利方式明晰产权的，集体经济组织应将不低于70%的收益平均分配给本集体经济组织成员，其余要用于集体公益事业"。70%的分配比例是最低限，村集体经济状况较好的地方还应尽量多拿出一点来分配。分配时，每份股权的权益应当均等。《江苏省集体林权制度改革的具体操作办法(试行)》还具体做出了如下规定：

集体经济组织统一经营的商品林、公益林等，其净收益，可保留不高于20%作为公积金，用于扩大林业再生产。要将扣除公积金后的剩余收益，不低于70%按股权分配到人，其他用于本集体经济组织公益事业。

已流转的林地、林木，在原林地流转的合同中承包主体一次性支付承包款的，如在本次改革时承包款仍有剩余，应将剩余款不低于70%按股权分配到人，其他剩余款项用于发展本集体经济组织公益事业。流转合同中承包主体分期支付承包款的，从下一个支付承包款的时间起，集体经济组织每次均要将承包收益不低于70%按股权分配到人，其余用于发展本集体经济组织公益事业。改革时，若承包人前次支付给集体经济组织的承包款仍有剩余，应将剩余款不低于70%按股权分配到人，其他剩余款项用于发展本集体经济组织公益事业。

如原集体经济组织与经营主体采用收益分成的方式约定林地、林木的收益分配，在进行收益分配时，集体经济组织要将其不低于70%的净收益按股权分配到人，其他用于本集体经济组织公益事业。

生态公益林生态效益补偿基金的分配。对集体统一经营的生态公益林，生态公益林生态效益补偿基金目前主要用于生态公益林管护者在管护中发生的营造、抚育、保护和管理等费用支出和收益补偿，其使用和管理按《江苏省省级森林生态效益补偿基金管理办法》执行，明确管护责任主体。补偿基金用于营造、抚育、保护和管理等后，原则上要将节余部分，不低于70%在本集体经济组织内按股权分配到人，其他用于本集体经济组织公益事业。如生态公益林通过抚育管理、经营开发、政策支持、征占用林地补偿等，集体经济组织有收益的，应将不低于70%的净收益按股权分配到人，其他用于本集体经济组织公益事业。已流转的生态公益林，若承包合同中明确约定森林生态效益补偿基金使用办法的，按合同执行。如承包合同中没有约定，集体经济组织与承包主体另行商定。为加强公益林的保护，提倡公益林实行集体经济组织统一管护。

24. 均股均利过程中几种特殊类型林权的处理

林业“三定”后，将本集体经济组织林地交由有关单位使用、管理，建立各种类型林场、自然保护区、风景名胜区等的林地，要依法维护经营管理单位的稳定和集体经济组织的合法权益。如果当时签订了相关合同，并有明确、合理的经济条款，按照原来签订的合同执行，继续由有关单位或其他集体经济组织经营管理；若当时未签订合同，或虽签订合同，但合同中经济条款不明确、不合理的，由集体经济组织与有关单位或其他集体经济组织协商予以完善合同或补充、修改合同中的经济条款。

经营者自行开发经营的集体经济组织“四荒”地，要按照“谁造谁有、合造共有”的原则，维护开发经营者的合法权益。经集体经济组织相关会议讨论同意，可由该原开发经营者与集体经济组织完善承包合同后继续经营管理。承包合同中要有明确的林地租金或收益分成等经济条款，林地租金或收益分成等原则上从签订承包合同的次年算起。如集体经济组织相关会议与开发“四荒”地农户无法达成共识，要依法处理好权属纠纷后，再进行改革。

以上两种情况，在完善相关合同后，要将合同约定给集体经济组织的收益不低于70%平均分配到本集体经济组织成员，其他用于本集体经济组织公益事业。

25. 均股均利后股权的继承和转让

股权允许继承，可以依法转让。转让时，受让方原则上应是本集体经济组织成员。转让需转让方、受让方签订由县级林业主管部门统一规范的合同文本后，由所在集体经济组织变更原股权登记，向新股权人发放相应凭证。股权转让时间不得超过该股权的剩余期限。

26. 均股均利后林地、林木的经营管理

均股均利改革后，已落实经营管理主体的林地、林木，仍由原经营主体自主经营、自负盈亏；仍由集体统一经营的，实行“利益均沾、风险共担”的经营形式，在经营过程中，投资开发、抚育管护、火烧迹地补植、林业有害生物防治等费用，从公积金和按股分配后的剩余收益中列支。如公积金和按股分配后的剩余收益不足，

需要投工、投劳和投资的，持股人按股权承担相应的责任和费用。

27. 均股均利后林权证申领主体

集体经济组织统一经营的林地、林木由集体经济组织申领林权证。非集体经济组织统一经营的林地、林木，由承包人和权属主体申领相应权属的林权证。

28. 如何处理集体林权已经确定经营主体的历史问题

这次深化集体林权制度改革是在经历了八十年代林业“三定”和本世纪初的林权制度改革的背景下开展的，许多集体林权已经确定了经营主体，包括集体划定的自留山、集体确定的责任山、集体划拨给国有森林经营管理单位的经营管理区以及集体林地通过招标、拍卖等方式确定了经营主体等情况，需要区别对待、认真梳理，逐步解决存在的问题后，再积极稳妥地推进本次改革。要实事求是地分类处理以下集体林权的经营主体的历史问题：

（1）已划定的自留山，由农户长期无偿使用，不得强行收回，不得随意调整。也就是按林业“三定”政策划定的自留山，要保持政策连续性和稳定性，由农户长期无偿使用和经营。外省一些地方改革中把责任山转为自留山或者补划自留山，这种做法没有实质性意义，因为自留山在林权抵押或者流转时还会遇到法律障碍，权利受到限制，我省在改革中要注意这些实际情况。

(2)分包到户的责任山，保持承包关系稳定，承包期内允许继承。承包到期后，可以采取均股均利的方式，在本集体经济组织内落实产权；属于均等方式分配的，也可以继续实行家庭承包经营的方式，依法确立林地承包经营权，家庭承包期为70年。

(3)已经承包到户或流转的集体林地，包括集体流转(承包)到本集体经济组织的农户和本集体经济组织以外的单位或个人的集体林地，也包括集体确定给农户的责任山。这次改革前集体流转的林地，在一定程度上存在流转期限过长、面积过大、租金过低等问题。《实施意见》提出的处理办法是符合法律规定、承包或流转合同规范的，要予以维护；承包或流转合同不规范的，要予以完善；不符合法律规定的，要依法纠正。这充分体现了尊重历史、保持政策连续性的精神，对存在的问题，通过完善合同可以处理好的，宜采取完善合同、继续经营的办法；对违反法律规定，大多数成员要求解除合同的，要依法纠正。

(4)国有林业场圃、自然保护区、森林公园以及风景名胜区、河道湖泊等管理机构和国有林(农)场、垦殖场等单位经营管理的集体林地林木，要依法维护经营区的稳定，其经营管理的集体林地、林木的权属关系要在改革中依法确立。在此基础上，解决好林权权利人的合法权益等问题。

(5)对权属有争议的林地、林木，要依法调处，纠纷解决前不得随意确定经营主体和发放林权证，必须先解决纠纷，后落实经营主体，防止强行占用林地林木，避免事态扩大和矛盾激化，影响农村社会的稳定。

29. 林农承包经营的责任山与自留山有何区别

自留山和责任山都是农村集体经济组织按照国家有关农村林业政策和地方人民政府的有关规定，为保护农民的生活保障权和林地承包经营权，在本集体经济组织内分配给农户的山林。但自留山与责任山是性质不同的两个概念。自留山所有权属集体，使用权归个人，实行的是“生不补、死不收”、长期无偿使用，自留山上的林木归个人所有，允许继承，其经营不需要签订承包合同，自留山主一般持有自留山证。农户承包经营的责任山，实行的是承包经营的政策，承包者必须与发包方签订承包合同，明确双方的责权利。其林地所有权属集体，个人享有承包经营管理权，承包期限为 30－70 年，在承包期限内林地使用权和林木所有权、使用权归责任山主所有，承包期内允许继承。

30. 农村集体经济组织成员指哪些人

《实施意见》所称农村集体经济组织成员，是指本集体经济组织内的所有成员。一般来说就是当地的村民，他们所生子女，自出生后自动取得该集体成员资格，也有通过婚姻、收养关系或者移民迁入本集体依法取得成员资格。通常以在册户籍为主要依据。成员资格一律平等，任何组织和个人不得以民族、种族、性别、年龄、职业、家庭出身、宗教信仰、教育程度、财产状况、居住期限等理由，剥夺和非法限制成员平等的资格。

关于如何确认农村集体经济组织成员资格，目前国家尚未作出统一规定，一般以依法取得农村集体经济组织所在地户籍为基本原则，同时以是否形成较为固定的生产、生活为条件，结合当地实际情况和传统习惯来确认成员资格。对于因死亡、取得其他集体经济组织成员资格、取得非农业户口、取得非设区市城镇非农业户口并纳入社会保障体系以及纳入国家公务员管理序列，而被注销或者迁出本集体经济组织所在地常住户口的人，应当认定其丧失集体经济组织成员资格。

31. 行政区划调整后集体经济组织成员确定方法

《实施意见》指出："行政区划调整以后合并的村和村民小组，明晰集体统一经营的林地林木产权时，原则上以合并前的村或村民小组为单位进行。在农村土地二轮承包时，如果是按合并后的村或村民小组确权、并经三分之二以上村民或农户同意的，应当按照合并后的村或村民小组进行确权。"《实施意见》的规定实质是参照耕地第二轮承包的有关政策。

32. 本次林改可以拿出来调整分配的林地有哪些

有三种特殊情况可以进行调整：一是死亡缺户，原自留山或责任山主没有子女和其他法定继承人的，其经营的山林可由集体经济组织收回重新分配；二是承包期届满的责任山，可以由集体收回重新发包，但原承包者愿意继续承包的，享有优先承包权；三是承包者举家迁入城镇转为非农业户口，自愿将承包的山林退回集体另行处置的，可以收回集体重新发包。

33. 林地承包经营权的含义是什么

中央《意见》所指林地承包经营权，是指承包人依法对其承包经营的林地享有占有、使用和收益的权利。也就是依法通过家庭承包或其他方式承包取得的林地使用权。

《物权法》明确规定林地承包经营权为用益物权，具备用益物权的特征和法定权利：第一，林地承包经营权是由林地所有权派生的物权。林地所有权是权利人对林地依法享有占有、使用、收益和处分的权利。林地承包经营权则是在集体林地所有权上设立的权利，即对集体林地享有占有、使用和收益的权利。第二，林地承包经营权是受限制的物权。相对于林地所有权而言，林地承包经营权是不全面的、受一定限制的物权。主要表现为：一是不具有对林地所有权进行处分的权利；二是在设定期限届满时应将占有、使用的林地返还给所有权人；三是必须根据法律的规定及合同的约定正确行使权利。第三，林地承包经营权是一项独立的物权。林地承包经营权一经设立，便具有独立于林地所有权而存在的特性。所有权人对林地占有、使用和收益的权利由林地承包经营权人行使，所有权人不得随意收回或调整林地，不得妨碍林地承包经营权人依法行使权利。同时，林地承包经营权人具有对林地的直接支配性和排他性，可以对抗所有权人的干涉和所有第三人的侵害。

34. 落实林地承包经营的操作程序

林地承包经营适用于《农村土地承包法》规定的操作程序：

(1)本集体经济组织成员的村民会议决定产生工作小组；

(2)工作小组依照法律、法规的规定拟订并公布承包方案；

(3)依法召开本集体经济组织成员的村民会议或村民会议授权的村民代表(或户代表)会议，讨论通过承包方案；

(4)公开组织实施承包方案；

(5)签订承包合同。

同时，林地承包经营涉及地上林木，要结合林木状况和当地实际，把林木纳入林地承包程序同步操作、统筹考虑，做到公开、公平、公正。

35. 林地承包经营权的继承有何规定

林地承包人应得的承包收益，依照《继承法》的规定继承。林地承包人死亡，其继承人可以在承包期内继续承包。

36. 如何正确理解林地的承包期为70年

中央《意见》规定："林地的承包期为70年。承包期届满，可以按照国家有关规定继续承包"。《实施意见》规定："责任山承包到期后，可以以均股均利方式在本集体经济组织内落实产权，也可以依法继续实行家庭承包经营，承包期为70年。"明确规定70年的林地承包期是这次改革的核心政策，充分表明党在农村的基本政策不动摇。但是，这里需要明确：林地承包期为70年，是指依法通过家庭承包方式取得的林地承包经营权期限，不包括集体流转或其他方式承包等方式取得的林地使用权期限。对在中央《意见》下发前已确定林地承包经营权期限，并依法经民主决策的，要充分尊重农民意愿。

根据《物权法》规定：林地承包经营权自林地承包经营权合同生效时设立。县级以上人民政府应当向林地承包经营权人发放林权证，并登记造册，确认林地承包经营权。

37. 如何合理确定承包经营期限

《实施意见》规定，"为保护集体经济组织及其成员的长期收益，承包经营期限应合理确定"。这里所指的承包经营期限，不是指"按户承包，按人分地"方式的家庭承包经营的期限，而是指通过招标、拍卖、公开协商等其他方式进行承包经营的期限。承包经营期限应合理确定，既要考虑保护集体经济组织及其成员的长期收益，又要考虑吸引更多的经营者参与竞争，获得尽可能大的林地收益。

38. 自留山和责任山被集体经济组织收回或集中流转如何处理

依法划定的自留山，其林地使用权和林木所有权归自留山主所有；依法划定的责任山，承包方与发包方签订承包合同，在承包期内承包人享有承包经营权。未经自留山主或责任山主同意，集体经济组织收回或集中流转农户自留山或责任山的，属侵权行为，应当停止侵害。尚未造成损失的，要依法恢复原状，归还自留山或责任山；已经造成损失的，集体经济组织要依法给予补偿，并签订书面合同约定归还日期或者重新划定自留山或责任山给农户。对侵权行为，自留山主或责任山主可以在诉讼期内向人民法院请求保护。但如果自留山或责任山被集中流转时，自留山主或责任山主表示认可，从中得到利益分成的，该流转行为应视为有效。流转合同到期后，如果农户要求收回经营权的，应该归还农户经营，愿意继续给他人经营的，应当由自留山主或责任山主直接与经营者签订流转合同。

39. 大多数村民对此次集体林权制度改革前村集体签订的林木、林地转让合同有异议的应如何处理

依照国家政策和法律签订的林木林地转让合同受法律保护，任何单位和个人不得侵犯。在合同未到期之前，

未经承包者同意，不得擅自调整或收回承包的林地。大多数村民对林改前已经签订的转让合同有异议且集体经济组织成员权益明显受到侵害的，可按以下方式处理：(1)由双方协商，达成一致的解决办法；(2)在所在地村委会、乡镇人民政府或林业等有关部门的指导协调下，完善合同或签订补充协议；(3)依法向人民法院起诉。

40. 如何落实“谁造谁有”的政策

“谁造谁有”是《森林法》的基本原则之一，是我国林业政策的基本内容。“谁造谁有”主要是指事先没有合同约定而产生的由非林地使用权人在林地上造了林的情况。一般情况下，未经林地使用权人同意，不得在不具有林地使用权的林地上种植林木或从事其他林业生产活动；林地使用权人发现他人在自己依法使用的林地上种植林木的，应及时制止或者请求发包方帮助制止。对经林地使用权人口头同意但未形成书面协议，或者在林地使用权人未及时造林的承包地上造林多年的，在保护森林资源、稳定林地使用权人林地使用权不变的前提下，所种植的林木归造林者所有，但造林者应当给予林地使用权人一定的补偿；或者所种植的林木可以由当事双方协商确定分成比例和经营期限；也可以由村集体或者乡镇组织出面协商解决；协商不成时，当事人可依法通过诉讼程序解决。

41. 集体林未经村民会议或村民代表会议通过流转的如何解决

根据《民法通则》第五十九条、最高人民法院《关于贯彻执行〈民法通则〉若干问题的意见(试行)》第七十三条和最高人民法院《关于审理农业承包合同纠纷案件若干问题的规定(试行)》第二条、第二十五条有关规定，对发包方违背集体经济组织成员大会或者成员代表大会决议，越权发包的，应当认定该承包合同为无效合同，并根据当事人的过错，确定其应承担的相应责任。但对自承包合同签订之日起超过1年，或者虽未超过1年，但承包人已实际做了大量的投入的，对原告方要求确认该承包合同无效或者要求终止该承包合同的，人民法院不予支持。但可根据实际情况，依照公平原则，对该承包合同的有关内容进行适当调整。按照此规定，如集体林流转未经村民会议或村民代表会议通过，但没有损害集体利益，自承包合同签订之日起超过1年时间的给予维护；或者自承包合同签订之日起虽未超过1年，但承包人已实际做了大量投入，现林木生长良好、林政秩序正常的给予维护；或者自承包合同签订之日起未超过1年，承包人未做投入，引导双方协商解决，对承包合同进行完善；协商解决不成的，可通过司法途径给予解决。

42. 如何做好实地勘界工作

实地勘界、登记工作量非常大，也是保证集体林权制度改革质量的关键环节。历次林权制度改革往往忽视了这一点，留下了有证无山、有山无证、山证不符、界限不清等许多隐患，给林区生产经营稳定造成很大的影响。因此，中央《意见》和省政府《实施意见》都规定“明确承包关系后，要依法进行实地勘界、登记，核发全国统一式样的林权证，做到林权登记内容齐全规范，数据准确无误，图、表、册一致，人、地、证相符”。明确要求集体林权制度改革必须进行实地勘界，确保林权权利人、林地与林权证记载内容相符，权属来源证明材料准确完整，避免发生林权纠纷。

实地勘界、登记工作要在统一思想认识基础上，注重宣传培训，让改革实施者了解改革政策和相关法律法规，熟悉操作程序，掌握勘界的方法步骤。林业部门要发挥熟悉改革政策和技术业务的优势，派出熟悉农村工作的干部和技术人员深入到改革第一线，现场指导农民进行勘界确权，做到四至清楚，权属明确。

43. 如何处理林权争议

中央《意见》和省政府《实施意见》都提出：“要健全纠纷调处工作机制，妥善解决林权纠纷，及时化解矛盾，维护农村稳定”。各地要结合工作实际，按照属地管理、分级负责的要求，进一步完善林权纠纷调处工作机制，本着尊重历史、尊重事实、互谅互让、依法依规的原则，通过一级抓一级，层层抓落实的办法，把矛盾纠纷解决在基层，化解在萌芽状态。具体处理林权争议，应按照

《森林法》和国家林业局发布的《林木林地权属争议处理办法》的规定进行：

(1)当事人应当主动、互谅、互让地协商解决。经协商依法达成协议的，当事人应当在协议书及附图上签字或者盖章，并报所在地林权争议调处机构或林权管理机构备案；经协商不能达成协议的，当事人提交《林木林地权属争议处理申请书》向林权争议调处机构或林权管理机构申请处理。

(2)林权争议经林权争议调处机构或林权管理机构调解达成协议的，当事人应当在协议书上签名或者盖章，并由调解人员署名，加盖林权争议调处机构或林权管理机构印章，报同级人民政府或林业主管部门备案。

(3)林权争议经林权争议调处机构或林权管理机构调解未达成协议的，林权争议调处机构或林权管理机构应当制作处理意见书，报同级人民政府做出决定。

(4)当事人对人民政府作出的林权争议处理决定不服的，可以依法申请复议或者向人民法院提起诉讼。

44. 处理林权争议的依据有哪些

林权争议调处是集体林权制度改革的重要工作，根据国家林业局《林木林地权属争议处理办法》的规定，处理林权争议的依据主要有三类：

(1)县级以上人民政府或者国务院授权国务院林业主管部门依法办理的林权证，是处理林权争议的依据。

(2)尚未取得林权证的，处理林权争议的依据有：一是土地改革时期，人民政府依法颁发的土地证；二是土地改革时期，《土地改革法》规定不发证的林木、林地的土地清册；三是当事人之间依法达成的林权争议处理协议、赠送凭证及附图；四是人民政府作出的林权争议处理决定；五是对同一起林权争议有数次处理协议或者决定的，以上一级人民政府作出的最终决定或者所在地人民政府作出的最后一次决定为依据；六是人民法院作出的裁定、判决。

(3)处理林权争议的参考依据有：一是国有林业事业企业单位设立时，该单位的总体设计书所确定的经营管理范围及附图；二是土地改革、合作化时期有关林木、林地权属的其他凭证；三是能够准确反映林木、林地经营管理状况的有关凭证；四是依照法律、法规和有关政策规定，能够确定林木、林地权属的其他凭证。

45. 核发林权证有何规定

中央《意见》提出“明确承包关系后，要依法进行实地勘界、登记，核发全国统一式样的林权证，做到林权登记内容齐全规范，数据准确无误，图、表、册一致，人、地、证相符”。这是因为林地承包经营权和林木所有权属于不动产物权，应当依照《物权法》和《森林法》的规定，进行林权登记并核发林权证，通过登记公示而发生法律效力，以对抗第三人，防止自己利益受到侵害。

林权登记的具体操作办法，应当按照国家林业局《林木和林地权属登记管理办法》的规定：

申请。农民集体所有林木和林地，依法采取家庭承包或其他方式承包的，由承包方申请林权登记，并提交相关文件：林权登记申请表；申请人身份证明；申请登记的林木和林地权属证明文件；省、自治区、直辖市人民政府林业主管部门规定要求提交的其他有关文件。

受理。林权管理机构依法审查林权登记申请人的申请材料，对于登记申请材料齐全的，要依法及时予以受理；对林权登记申请表填写不准确，申请人有关身份证明材料或委托授权书不齐备、不合规，申请登记的权属证明文件和省、自治区、直辖市人民政府林业主管部门要求提交的其他有关文件缺失的，不得受理，并及时通知申请人补正材料后重新申请。受理后应及时组织审核。

公告。林权管理机构对已经受理的登记申请，应当自受理之日起 10 个工作日内，在林地所在地进行公告。公告期为 30 天。在公告期内，有关利害关系人如对登记申请提出异议，林权管理机构应当对其所提出的异议进行调查核实。有关利害关系人提出的异议主张确实合法有效的，林权管理机构对登记申请应当不予登记。

登记。对于林权合法有效，申请登记的林木林地位置、四至界限、林种、面积或者株树以及附图中标明的界桩、明显地物标志与实地相符合的，林权管理机构应当自受理之日起 3 个月内予以登记发证。

46. 林业“三定”时所发林权证存在重证或错证的如何处理

林业“三定”时所发林权证或其他形式的权属证明出现重或错的，应本着实事求是、区别对待、相互协商、达成共识、有错必纠的原则，重新审查、核实其颁发林权证或发放其他形式权属证明的依据。若由于权利人错报或政府工作人员错登，造成错发林权证或其他权属证明的，则应本着实事求是的原则予以纠正。一时无法查清的，此次暂缓登记发证。

47. 能否对全家迁入城镇的承包方已承包的林木、林地登记发(换)林权证

按照《农村土地承包法》的规定，林地承包经营不适用耕地、草地收回的规定，即使承包方全家迁入城镇，转为非农业户口，在承包期内其承包林地不应收回，但在《农村土地承包法》实施前已经法定程序收回或调整承包林地，且承包方也认可的，应予维护；目前尚未收回的，应当按照承包方的意愿，自主决定交回、保留或流转林地承包经营权，承包方提出林权申请登记的，应依法予以登记发、换证。

48. 森林、林木和林地相关的四项权属中，某项权属发生争议，对未发生争议的其他权属能否进行登记发证

林木林地权属发生争议后，为有利于权属争议的解

决，只要权属存在争议，森林、林木和林地权属都应暂缓进行登记发证，待权属争议解决后再登记发证，以维护林区社会的安全稳定。

49. 以有效的合同(协议)申请林权登记时，应注意哪些问题

(1)“四权”确定。“四权”：林地所有权、使用权和森林或林木所有权、使用权，是林权登记发证核心要素。合同条款中必须依法明确“四权”归属，并依合同约定内容和林权登记发证的有关规定确权登记。(2)林地使用权期限确定。这是合同的主要条款之一，也是林权登记的主要内容，在合同条款中必须加以明确。(3)合同附图确定。每份合同必须随附万分之一比例尺的地形图作为承包林地、林木的权属位置范围图。(4)宗地四至确定。要选择明显固定的地物标。没有明显地物标的，可根据具体情况进行描述，但界线必须形成闭合。

50. 林地、林木承包合同四至范围不明确的如何解决

根据《民法通则》第五十九条、最高人民法院《关于贯彻执行〈民法通则〉若干问题的意见(试行)》第七十三条等有关规定，“可变更或者可撤销的民事行为，自行为成立时超过 1 年当事人才请示变更或者撤销的，人民法院不予保护。”林地、林木承包者实际经营、管护面积与合同不符的，承包期超过一年的，应以实际经营、管护面积为准；未超过一年的，可以请示变更或撤销该民事

行为。

51. 林业“三定”时为非林业用地，现在为林业用地，本次林改是否登记发证

县级以上人民政府文件认可为林地的，应纳入林权登记发证的范围。

52. 发放林权证时能否收取林权证工本费

根据《国家计委、财政部关于林权证工本费和林权勘测费收费标准及有关问题的通知》（计价格〔2001〕1998号），县级以上林业主管部门对申请林权登记的单位和个人发放《林权证》的工本费收费标准为每证5元。

配套改革篇

53. 如何实行林业分类经营管理体制

中央《意见》明确提出："实行商品林、公益林分类经营管理。依法把立地条件好、采伐和经营利用不会对生态平衡和生物多样性造成危害区域的森林和林木，划定为商品林；把生态区位重要或生态脆弱区域的森林和林木，划定为公益林。"中央《意见》与《中共中央 国务院关于加快林业发展的决定》一脉相承，在制定林地保护利用规划的基础上，按照生态区位和主导利用的不同，将林地林木区分为公益林和商品林两大类，分别采取不同的管理体制、经营机制和政策措施。公益林按照公益事业进行管理，以政府投入为主，吸引社会力量共同建设；商品林按照基础产业进行管理，主要由市场配置资源，发挥市场在配置资源中的基础作用，政府给予必要的扶持。凡纳入公益林管理的森林资源，政府给予所有者或者经营者合理补偿。公益林建设投资和森林生态效益补偿基金，按照事权划分，分别由中央政府和各级地方政府承担。

54. 公益林经营管理有何规定

《实施意见》中的公益林包括经国家依法区划界定的重点公益林和地方政府依法区划界定的地方公益林。严格管理和保护公益林，是林业建设中长期坚持的一项基本政策。当前，公益林补偿标准低，一定程度上损害了农民的利益。因此，中央《意见》和《江苏省生态公益林条例》都从政策法规层面进行适当调整，在逐步提高森林生态效益补偿标准的同时，允许在不破坏生态功能的前提下，依法合理利用公益林资源，如发展林下种养业，利用森林景观发展森林旅游业等非木质资源的开发利用，弥补公益林经营者的经济损失。但同时也设定了两个条件，一是不破坏生态功能，也就是不同类型的公益林，其所发挥的生态功能不因经营活动而受到破坏。二是依法，也就是经营活动不得违背法律法规的规定。对公益林采伐，《森林法》、《森林法实施条例》和《江苏省生态公益林条例》中明确实行禁止性或控制性采伐利用政策。

55. 如何放活商品林经营管理

《实施意见》规定“商品林经营者可依法自主决定经营方向和经营模式，生产的木材自主销售，按规定享受国家林业相关优惠政策”。这里体现了三项政策的放开，一是只要不违背法律的禁止性规定，对其林地要种什么树种、什么时间种、培育目标是什么等经营方向可以自主决定；二是只要不违背法律的禁止性规定，可以选择单独经营、合作经营、委托经营、租赁经营等经营模式，享有生产经营自主权；三是木材作为商品，可以自主决定要不要卖，怎么卖，卖给谁。政策赋予承包经营权人的生产经营自主权，发包人和其他人和第三人都无权进行干涉。

商品林经营涉及到森林采伐限额制度，解决林木采伐自主权问题，要修订现行法律。在法律法规做出修订前，应当注重管理方式的改进和转变，进一步完善林木采伐管理机制。因此，《实施意见》规定，“在坚持森林采伐管理制度的前提下，进一步放宽对商品林的采伐管理。对定向培育并达到一定规模的工业原料林经营单位，实行采伐限额单列，并予以充分满足。对农户个人经营的商品林，符合采伐条件的，实行即申即批。对成熟的人工商品用材林，在采伐限额内优先审批。实行林木采伐审批公示制度，简化审批程序。”

《实施意见》所指“按规定享受国家林业相关优惠政策”，是指目前国家已经出台并正在执行的，以及将来出台的林业有关优惠政策。国家已经出台并正在执行的优惠政策，如减免税政策，种植林木、林木种子和苗木作物，从事林木产品初加工、林产品采集，林业技术服务或劳务收入按照《中华人民共和国企业所得税法》、《中华人民共和国企业所得税法实施条例》和《国家税务总局关于贯彻落实从事农、林、牧、渔业项目企业所得税优惠政策有关事项的通知》(国税函〔2008〕850 号)规定，可以享受免征、减征企业所得税。根据 2007 年 8 月国家林业局、国家发展改革委、财政部、商务部、国家税务总局、中国银监会、中国证监会联合制定的《林业产业政策要点》，国家将对商品林经营实施积极的扶持政策，具体的优惠政策有待于国家层面政策的进一步细化。

56. 自产自销的原木原竹是否需要缴纳增值税、所得税

根据《中华人民共和国增值税暂行条例》第十五条、《中华人民共和国企业所得税法》第二十七条、《中华人民共和国企业所得税法实施条例》第八十六条的规定，以及根据《国家税务总局关于贯彻落实从事农、林、牧、渔业项目企业所得税优惠政策有关事项的通知》(国税函〔2008〕850 号)等有关规定，单位和个人自产自销的原木、原竹取得的收入，依法免征增值税和所得税。

57. 承包经营林地被征收的有何相应的补偿

《实施意见》规定，“征收农户承包的林地，要依法足额予以补偿。任何单位和个人不得贪污、挪用、私分、截留、拖欠征收林地的补偿经费。支付给农村集体经济组织的林地补偿经费的使用和分配，由本集体经济组织成员讨论决定”。根据《物权法》第四十二条、《土地管理法》第四十七条、第四十九条，《土地管理法实施条例》第二十五条、第二十六条、《江苏省土地管理条例》第二十六条、第二十七条等法律法规的有关规定，征收集体所有的林地，要依法足额支付林地补偿费、安置补助费、地上附着物和林木的补偿费等费用，安排被征地农民的社会保障费用，保障被征地农民的原有生活水平不降低，维护被征地农民的合法权益。家庭承包经营的林地被依法征收的，承包经营权人有权依法获得相应的补偿。林

地补偿费是给予林地所有人和林地承包经营权人的投入及造成损失的补偿，应当归林地所有人和林地承包经营权人所有；支付给农村集体经济组织的林地补偿经费的使用和分配，由本集体经济组织成员讨论决定，收支状况向本集体经济组织的成员公布，接受监督。安置补助费用于被征林地的承包经营权人的生活安置，对林地承包经营权人自谋职业或自行安置的，应当归林地承包经营权人所有。地上附着物和林木的补偿费归地上附着物和林木的所有人所有。

58. 我国森林资源资产评估现状及存在问题

森林资源资产评估是指评估专业人员依据相关法律、法规和资产评估准则，对特定目的和条件下的森林、林木、林地、森林景观资产以及与森林资源相关的其他森林资源资产价值进行分析、估算并发表专业意见的行为和过程。

我国的森林资源资产评估，是随着社会主义市场经济体制和林业体制改革的深入、林业资源资产化管理的需要，于上世纪90年代开始逐步建立发展起来的。其重要标志是：1996年和1997年由原林业部和国家国有资产管理局联合颁布的《关于〈森林资源资产产权变动有关问题的规范意见（试行）〉的通知》，《加强森林资源资产评估管理工作若干问题的通知》及《森林资源资产评估技术规范》。这三个文件对森林资源资产产权变动和森林资源资产评估的内容和方法做出了原则性的规定，为我国开展森林资源资产评估工作提供了政策依据和理论指导，客观上推动了我国森林资源资产评估和林业经济的发展。但市场的需求，社会主义法制的日益完善，森林资源资产评估实践在深度和广度上的拓展，都对森林资源资产评估提出了更高更新的要求，而森林资源资产评估的现状还不能适应这一发展需求，具体表现在：(1)有能力从事森林资源资产评估的机构和专业人才缺乏。森林资源资产本身所具有的特性，要求从事森林资源资产评估的人员既要具备一般资产评估理论知识和实践经验外，又要有丰富的林业专业知识，熟悉林业行业的法律法规和相关技术规范。目前，全国范围内从事森林资源资产评估业务的机构有三类：具有资产评估资质的资产评估公司；由林业主管部门批准的、依托林业调查规划设计单位或林业科研院所设立的专职森林资源资产评估服务机构；其他如近年成立的物价鉴定机构。这三类机构中既具有资产评估资质，又有从事森林资源资产评估能力的评估机构数量极少，具备复合性森林评估专业知识的人才也很缺乏。(2)森林资源资产交易市场发育不充分。直接表现为，森林资源资产的内在价值和市场价格之间有着较大的落差，不同的评估机构对同一项目的评估结果往往会产生较大差异，这一方面侵害了林农利益和造成国有、集体资产的流失，同时给森林资源资产评估机构带来执业风险。(3)对森林资源资产评估理论和技术方法缺乏系统研究，实践中遇到的问题得不到应有的行业政策和技术支持，评估的基础理论和技术方法已不能完全适应评估实践的需要。

为加强森林资源资产评估管理工作，提高森林资源资产评估水平，2007 年 5 月 16 日，国家林业局印发了《森林资源资产评估专家评审认定办法》，并要求各省(区、市)及有关单位按办法规定的条件推荐森林资源资产评估专家。但是要真正解决好森林资源资产评估问题，还有待于国家层面尽快建立森林资源资产评估师执业资格制度，设置森林资源资产评估师专业资格，并将森林资源资产评估师纳入国家资产评估专业资格序列，设定具体考试科目。另外还需要加快有关制度建设：一是要加快森林资源资产评估准则和森林资源资产评估指南等相关制度建设，为森林资源资产评估专业委员会和森林资源资产评估行业协会等社团组织的成立提供条件，由社团组织办理森林资源资产评估师资格考试、后续教育、执业管理、违纪惩戒等相关工作。二是要加快研究制定森林资源资产评估机构及森林资源资产评估师的相关管理办法，合理设定成立森林资源资产评估机构的条件，由森林资源资产评估师发起成立专职森林资源资产评估机构。

59. 关于森林资源资产评估有何规定

《实施意见》将“建立森林资源资产评估体系和流转市场”纳入改革的配套政策作出规定，明确将按照国家的有关规定，抓紧建立森林资源资产评估和监督管理制度。集体林权制度改革主要涉及非国有森林资源资产评估，应当按照《财政部、国家林业局关于印发〈森林资源资产评估管理暂行规定〉的通知》（财企〔2006〕529 号）的有关规定执行，即“非国有森林资源资产评估，凡金额在 100 万元以上的银行抵押贷款项目，应委托财政部门颁发资产评估资格的机构进行评估；金额在 100 万元以下的银行抵押贷款项目，可委托财政部门颁发资产评估资格的机构评估或由林业部门管理的具有丙级以上（含丙级）资质的森林资源调查规划设计、林业科研教学等单位提供咨询服务，出具评估咨询报告”。《实施意见》规定“县级以上林业技术推广、林业科研教学、森林资源监测等单位，可以依法依规提供森林资源资产评估服务”，这是针对我省林业机构比较少的实际，明确规定了在目前森林资源资产评估制度建设尚不完善的情况下，对财企〔2006〕529 号文件中关于金额在 100 万元以下的银行抵押贷款项目，我省林业部门管理的具有丙级以上（含丙级）资质的县级以上林业技术推广、林业科研教学、森林资源监测等单位可提供咨询服务。

需要指出的是，涉及农民的非国有森林资源资产评估，要充分尊重农民意愿，采取自愿、从低收费的原则，不得设置交易条件，强行要求农民评估。

60. 关于林业产权交易有何规定

《实施意见》规定：“加强林地、林木流转管理，建立健全产权交易平台，为林权流转提供规范化服务，维护交易各方合法权益”，“抓紧制定森林资源流转管理办法，规范流转程序，保障公平交易”，“根据森林资源分布状况，建立区域性森林资源资产流转交易市场，为规范流转创造条件”。

目前，我国林地、林木流转管理方面的法制建设还不完善，这对林业产权交易的规范化管理带来了一定的难度。福建、江西、浙江、云南、湖北等省份对森林资源流转的规范管理已经作了一些有益的探索，出台了地方性法规、试行的政府规章或其他形式的规范性文件。在深化集体林权制度改革中，江西、福建、浙江、云南、四川等省的有些地方把规范林业产权交易作为配套改革推进，逐步形成了集林权登记、信息发布、交易实施、中介服务、金融支持、综合服务为一体的新型林业综合性管理与服务机构，为林业经济市场化发展提供了一个崭新平台。这些都为我省乃至全国的林业产权交易的规范化管理提供了可借鉴的经验。江苏省林业局已和南京林业大学合作，开展这方面的软科学课题研究，力争有所突破。各地也可以借鉴外省的做法，积极探索，在试点的基础上，努力形成具有本地特色的林业产权交易平台。

61. 森林、林木、林地使用权的流转有哪些限制条件

对森林、林木、林地使用权的有偿转让，《森林法》、《土地承包法》等规定了几个限制：(1)用途限制，即转让森林、林木、林地使用权后不得改变林地的用途，不得将林地改为非林地，防止森林资源因转让而减少。(2)

经营限制，即转让双方都必须遵守关于森林、林木采伐管理制度，防止在转让过程中森林资源受到破坏。(3)期限限制，流转林地使用权和林木所有权的期限，不得超过承包期的剩余期限。

62. 均股均利后林地、林木如何流转

根据《操作办法》的规定，均股均利后，集体经济组织统一经营的林地、林木允许依法流转。流转时须经执有三分之二以上股份的执股人同意。已流转的林地、林木，在不改变林地性质和用途的情况下，允许经营主体将其所承包的集体经济组织的林地、林木再次流转。再次流转时，无须经其他执股人同意，但须到所在集体经济组织备案。如因经营需要，可凭林权证申领所需的合法、有效手续，到县级林业主管部门变更登记，换发相应林权证。转让期限不得超过林地、林木承包期的剩余期限。已流转的林地到期后，按集体经济组织统一经营的林地处理，可由集体经济组织统一经营，也可通过合法程序进行流转，流转时本集体经济组织成员享有优先承包权。

63. 森林资源流转合同管理有何规定

《实施意见》规定："林权流转要使用林业部门统一规范的林地经营合同文本，明确权属关系和双方的权利与义务"。根据《农村土地承包法》，流转合同主要应当包括的要素有：

(1)转让人和受让人的名称(姓名)；(2)转让的权属性质及内容；(3)转让的森林资源的现状，包括林种、树种、林龄、蓄积量或者株数、地点、面积及四至范围(附地形图)等；(4)转让期限、转让金额、付款方式和期限；(5)经营方向、用途及相关责任；(6)转让双方的权利和义务；(7)违约责任以及争议的解决方式。

64. 如何深化林业投融资改革

推进林业投融资改革对集体林权制度改革和林业发展意义重大，是实现金融机构、农民、政府多赢的工作。《实施意见》规定：“增加林业信贷投放，完善林业贷款财政贴息政策，扩大面向农户的林业小额信贷和联保贷款。鼓励商业银行、农村信用合作社等金融机构，开发林权抵押贷款等适合林业特点的信贷产品。鼓励林业企业上市融资。”

2009 年 4 月，中国人民银行、财政部、银监会、保监会、国家林业局五部门成立了金融支持集体林权制度改革与林业发展联合工作小组，并多次联合召开座谈会和深入林区调研，认真研究相关政策措施。在深入调研和反复讨论修改的基础上，同年 5 月，五部门联合发布了《关于做好集体林权制度改革与林业发展金融服务工作的指导意见》(银发[2009]170 号，以下简称《指导意见》)，将对增加“三农”信贷投入，改进和提升农村金融服务水平，实现金融与林业的互相促进和互利共赢产生深远影响。其主要内容有：

（1）切实加大对林业发展的有效信贷投入。在已实行集体林权制度改革的地区，各银行业金融机构要积极开办各项林业贷款业务。合理确定贷款期限，林业贷款期限最长可为10年。对小额信用贷款、农户联保贷款等小额林农贷款业务，借款人实际承担的利率负担原则上不超过基准利率的1.3倍。要促进林区形成多种金融机构参与的贷款市场体系。

（2）引导多元化资金支持集体林权制度改革和林业发展。鼓励林业企业通过债券市场发行各类债券类融资工具，鼓励林区外的各类经济组织和投资基金等投资林业项目，鼓励各类担保机构开办林业融资担保业务。

（3）积极探索建立森林保险体系。各地要把森林保险纳入农业保险统筹安排，通过保费补贴等必要的政策手段引导保险公司、林业企业、林业专业合作组织、林农积极参与森林保险，扩大森林投保面积。保险公司要不断完善森林保险险种和服务创新，逐步提升森林保险的服务质量。

（4）加强信息共享机制和内控机制建设。建立林业部门与金融部门的信息共享机制，加快林权证登记、抵押、采伐等信息的电子化管理进程，将上述信息纳入人民银行企业和个人信用信息基础数据库，方便银行查询及贷款管理。推进人民银行征信体系建设，银行业金融机构要正确处理加大对林业发展信贷支持和防范风险的关系。

（5）积极营造有利于金融支持集体林权制度改革与林业发展的政策环境。加大人民银行对林区中小金融机构再贷款、再贴现的支持力度；鼓励和支持各级地方财政安排专项资金，增加林业贷款贴息和森林保险补贴资金；各级林业主管部门要充分履行职能，为金融机构支持林业发展提供有效的制度和机制保障；林业贷款的考核、呆账核销等政策与涉农贷款保持一致。

65. 林业部门如何推进林业投融资改革

各级林业主管部门要积极贯彻落实《指导意见》，认真做好森林资源勘界、确权和登记发证工作，保证林权证的真实性与合法性。要加强森林资源资产评估和林木、林地经营权依法流转管理。林权证登记管理部门要简化林权证办理手续，降低相关收费。要采取有效措施，帮助银行降低林业信贷风险，对在抵押贷款期间所抵押的林木，未经抵押权人同意不予发放采伐许可证、不予办理林木所有权转让变更手续；贷款逾期时，积极协助金融机构做好抵押林权的处置工作。加快建立林权要素交易平台，加强森林资源资产评估管理，大力推进林业专业评估机构、担保机构和森林资源收储机构建设，为金融机构支持林业发展提供有效的制度和机制保障。

66. 如何完善林权抵押贷款制度

林权抵押，是指林权权利人不转移对林地或林木资产的占有，将其作为债权担保的行为。林权抵押的实质是林地、林木资产抵押，具有四个方面的特征：(1)林权抵押以林木所有权、林地使用权为抵押标的物，作为债权的担保。抵押人未经抵押权人的同意，不得处分抵押物。(2)抵押物必须是债务人或者第三人自己所有的林木或者依法可以转让的林地使用权。(3)抵押人不转移林木所有权、林地使用权，通过登记公示设定抵押。抵押人可以继续使用抵押物。(4)债务人不履行债务时，抵押权人可依法处置抵押物，实现优先受偿，从而实现担保物权。

中国人民银行等五部门联合下发的《指导意见》提出，在已实行集体林权制度改革的地区，各银行业金融机构要积极开办林权抵押贷款、林农小额信用贷款和林农联保贷款等业务。根据这个规定，林权抵押贷款将会得到更多金融机构的支持。

林权抵押登记，《担保法》规定，以林木抵押的，抵押登记机构为县级以上林业主管部门。林权抵押属于流转管理，应明确林权抵押登记机构为林权管理机构。具体在操作层面，还需要完善登记的内容和方法，比如哪一级林业主管部门负责哪一类的林权抵押登记，林权登记的信息如何在抵押登记部门之间共享等。

关于林权抵押风险防范机制，林地承包经营权抵押(自留山除外)在法律上没有禁止，明确林地承包经营权可以抵押后，各级政府需要与司法机关协调，由司法机关依据现行法律法规的规定解决林区抵押中的法律纠纷。

近年来，我省盱眙、丹阳等地积极探索林权抵押贷款方式，积累了许多很好的经验。但是要确保这项业务能规范、顺利的开展，还需要积极研究和完善森林资源资产评估等配套制度问题。比如林地林木资产评估，我省还没有森林资源资产评估的专业机构，有的地方金融机构承认林业主管部门出具的资产评估报告，但林业部门作为代政府进行林权管理的行政机关，不适合从事森林资源资产评估活动；有的金融机构承认一般资产评估机构出具的评估报告，但由于林业的专业性很强，对森林资源资产进行评估必须要熟悉林木的自然生长规律和林业生产经营活动，一般资产评估机构难以准确地对森林资源进行评估。再比如评估方法各不相同，有的地方采取实地评估确认资产价值，有的地方采取按树种、林龄、面积直接估算资产价值的简易办法，需要研究分类认定资产价值的方法。这些有益的探索将对我省完善林权抵押贷款制度发挥积极作用。

67. 我国森林保险制度现状

林业生产经营周期较长，易遭受各种自然灾害的侵袭，火灾、洪涝、风雹、雨雪冰冻等多种自然灾害都会给林农造成巨大经济损失，严重影响林业的可持续发展。森林保险作为重要的林业风险保障机制，有利于林业生产经营者在灾后迅速恢复生产，促进林业持续经营和稳定发展。近年来，农业保险的研究已经初见成效，与农业保险相关的政策法规也在逐步的制定、完善和实施中，但林业保险制度的研究、建立和完善却明显滞后。目前，由于森林保险风险较大，技术难度高，在缺乏一定的政策支持下，林农投保积极性不高，森林保险发展总体缓慢。据统计，2008 年，全国森林保险承保面积为 7720 万亩，仅为全部森林面积的 2%，保费收入仅 8109 万元。

保险机构虽然尚未在全国广泛开展森林保险业务，但在江西、福建等省开展森林保险却由来已久。目前，森林保险业务在这些省开展得并不十分顺利，主要有几个方面的原因：(1)森林资源投保价值和受灾损失程度难以估算，自然和人为因素造成损失的情况十分复杂，赔付率高，保险机构风险大；(2)林农保险意识不强，且林业保险费率高。(3)森林受灾后，可依法采伐林木直接获得经济收益，一定程度上也影响了林业经营者参保。

为推动森林保险制度的发展，2009 年 5 月，财政部下发了《关于中央财政森林保险保费补贴试点工作有关事项的通知》和《中央财政森林保险保费补贴试点方案》两个文件。中央财政补贴的政策性森林保险试点遵循"试点先行、量力而行、统一原则"的工作思路，选择了集体林权制度改革深入、地方政府对森林保险重视、森林覆盖率较高的江西、福建、湖南作为试点省份，要求省级财政在补贴 25% 以上保费的基础上，中央财政再补贴 30% 的保费，保险责任可从火灾、暴雨、暴风、洪水、泥石流、冰雹、霜冻、台风、暴雪、雨凇、虫灾等灾害中选择几种。

68. 如何完善森林保险制度

2008 年中央一号文件提出了积极推进政策性森林保险的要求，2009 年中央一号文件再次提出要加大财政对集体林权制度改革的支持力度，开展政策性森林保险试点。2009 年 5 月中国人民银行、财政部、银监会、保监会、国家林业局五部门联合发布的《指导意见》对森林保险做出如下规定：(1)各地要把森林保险纳入农业保险统筹安排，通过保费补贴等必要的政策手段引导保险公司、林业企业、林业专业合作组织、林农积极参与森林保险，扩大森林投保面积。(2)保险公司要不断完善森林保险险种和服务创新，有针对性地推出基本险种和可供选择的其他险种，根据实际情况设置不同的保险费率，逐步提升森林保险的服务质量。(3)通过加大森林保险的宣传力度，普及保险知识，提高林农保险意识，鼓励和引导散户林农、小型林业经营者主动参与森林保险，探索建立森林保险风险分散机制，提高森林保险抗风险能力，为林业的可持续发展奠定坚实的基础。

《实施意见》规定，“鼓励保险机构开发与林业相关的保险产品，开展林业保险试点，将林业保险纳入政策性农业保险，提高林业经营者抵御自然灾害的能力。”我省已经开展政策性农业保险试点，2008 年和 2009 年省政府办公厅分别下发了《关于做好 2008 年农业保险试点工作的通知》(苏政办发〔2008〕38 号)和《关于做好 2009 年农业保险试点工作的通知》(苏政办发〔2009〕37 号)，但根据这两个文件，保险试点品种暂时还不包括森林和林木。而根据《实施意见》和《指导意见》，林业保险将逐步被纳入政策性农业保险，下一步省里将逐步建立和完善政策性森林保险制度。

69. 如何加强基层林业服务体系建设

我省基层林业服务机构主要是乡镇林业工作站，其承担着基层林业政策宣传、资源保护、生产组织、科技推广和社会化服务等公益性职能。《实施意见》规定，“林业面积较大的乡镇，可在现有乡镇农业技术服务中心增挂乡镇林业站牌子，配备专职或兼职林业技术人员，经费纳入地方财政预算，保证基层林业技术队伍稳定。”2007 年，省政府下发的《关于深化改革加强基层农业技术推广体系建设的实施意见》(苏政发〔2007〕40 号)规定，“各地可以根据县域农业特色、森林资源、水系、水利设施分布和政府财力情况，因地制宜设置公益性农业技术推广机构。将除水利、畜牧兽医外的其余乡镇农技推广服务单位统一归并成综合性乡镇农业技术推广服务中心（重点林区、渔区乡镇可增挂乡镇林业站、水产站牌子），作为国家设在乡镇的全额拨款事业单位。”《实施意见》关于基层林业服务机构的规定和苏政发〔2007〕40 号文的精神是一致的，各级林业主管部门要按照职责分工，进一步协调地方政府和有关部门，加强对基层林业技术推广体系的管理和指导。

70. 我省农民合作经济组织发展现状

近年来，我省农民合作经济组织发展迅速，主要表现为“三大合作”，即农民专业合作、农村社区股份合作和农村土地股份合作。截至 2008 年，农民专业合作组织发展到12600个，成员290万人，是“三大合作”的主要形式；农村土地股份合作社680家，入股面积47万亩；农村社区股份合作社2910家，社员总数345万人。按农民专业合作组织经营产业划分，种植业约占43%；畜牧业约占26%；渔业约占13%；服务业约占7%，林业及其他约占11%。农民合作经济组织的发展，促进了现代高效农业发展，加快了农民增收致富，推进了社会主义新农村建设，其呈现的主要特点有：(1)以农民领办为主，多元化发展格局基本形成。农民领办的占63%，龙头企业领办的占10%，基层农技组织、供销社及其他主体领办的占27%。(2)以高效农业为主，覆盖各个农业产业。70%的农民合作经济组织从事蔬菜、林果、特禽等高效种养业，60%以上的高效农业面积是农民经济合作组织直接经营的。(3)以产销合作为主，生产纵向一体化程度提高。农民合作经济组织自办加工流通明显加快，占全省总数的20%。(4)以产业集中经营为主，生产经营方式加快转变。农民合作经济组织规模经营面积占全省土地适度规模经营的55%，70%的农民专业合作组织统一组织销售成员产品，30%通过农产品质量“三品”认证和产地认定。(5)参与主体的利益分配机制日趋合理。60%以上的组织对成员实行二次返利，成员收入比不参加合作经济组织的农民一般多增收20%以上。

但是，我省农民经济合作组织仍处于加快发展的前期阶段，还存在一些困难和问题，主要有：(1)发展速度和区域发展现状还不相适应现代农业发展要求。(2)现有的扶持政策还未很好地落实到位，税费重、融资难等问题的解决还亟待更大的政策支持力度。(3)合作经济组织对外经营活动受到限制，需要立法予以解决。(4)自身建设亟待加强，产权结构、内部机制和利益分配机制尚需完善，风险保险机制建设滞后，服务功能需要进一步提升。

71. 农民专业合作社的性质和特点

农民专业合作社既不同于企业法人、也不同于社会团体法人，而是一种全新的经济组织形态。根据《农民专业合作社法》，农民专业合作社是在农村家庭承包经营基础上，同类农产品的生产经营者或者同类农业生产经营服务的提供者、利用者，自愿联合、民主管理的互助性经济组织，有以下几个特点：(1)农民专业合作社以其成员为主要服务对象，提供农业生产资料的购买，农产品的销售、加工、运输、贮藏以及与农业生产经营有关的技术、信息等服务。(2)农民专业合作社成员以农民为主体，谋求全体成员的共同利益，入社自愿、退社自由，成员地位平等，实行民主管理，盈余主要按照成员与农民专业合作社的交易量(额)比例返还。(3)农民专业合作社应依法登记取得法人资格；对由成员出资、公积金、国家财政直接补助、他人捐赠以及合法取得的其他资产所形成的财产，享有占有、使用和处分的权利，并以上述财产对债务承担责任；以其账户内记载的出资额和公积金份额为限对农民专业合作社承担责任。农民专业合作社的设立登记、组织机构、财务管理以及合并、分立、解散和清算等具体问题受《农民专业合作社法》的调整。

72. 支持农民专业合作社发展的政策措施有哪些

中央《意见》和省政府《实施意见》提出了扶持其发展的原则性政策措施，2009 年的中央一号文件和省政府出台的《省政府关于加快发展农民专业合作组织的通知》(苏政发〔2009〕13 号)也规定了一系列扶持农民专业合作社发展的财政、金融、税务等政策。

(1)产业政策倾斜。国家支持发展林业和农村经济的建设项目，可以委托和安排有条件的有关农民林业专业合作社实施。这就是说，农民林业专业合作社作为市场经营主体，由于竞争实力较弱，应当给予产业政策支持，今后国家用于支持发展林业和农村经济的建设项目，不再是只靠基层部门的事业法人单位或其他法人来承担，农民林业专业合作社也可以承担。具备条件的农民林业专业合作社，可以按照政府有关部门项目指南的要求，向项目主管部门提出承担项目申请，经项目主管部门批准后实施。

(2)财政扶持。中央和地方财政应当分别安排资金，支持农民林业专业合作社开展信息、培训、林产品质量标准与认证、林业生产基础建设、市场营销和技术推广等服务。对少数民族地区、偏远地区和贫困地区的农民林业专业合作社和生产国家与社会急需的重要林产品的农民林业专业合作社给予优先扶持。省财政逐步加大对农民专业合作组织的支持力度，重点支持省级示范合作社和成长型合作组织。各级安排的高效设施农业发展资金、外向型农业发展资金、农业综合开发资金、农业“三新工程”建设资金、农产品质量建设资金等专项资金，要优先支持符合条件的农民专业合作组织。

(3)金融支持。各级金融机构要将符合授信条件的农民专业合作组织列为优先支持对象，增加授信额度。农业发展银行、农业银行、农村合作金融机构每年要安排一定数量的信贷资金，支持农民专业合作发展，并简化贷款手续，在贷款利率上予以优惠。面向农户发放的小额信贷，可以用于支持农民专业合作社。允许有条件的农民专业合作社开展信用合作，允许农民专业合作组织成员之间开展资金互助合作。鼓励和支持农民专业合作组织成员间推行“联保制度”，集中授信，互保互益，经农民签字同意，由合作社集中申请小额贷款。省财政支持引导金融机构增加对农民专业合作组织的贷款发放，支持引导各类担保机构为农民专业合作组织贷款提供担保。各级安排的涉农贴息贷款项目，要向农民专业合作组织倾斜。积极发展农民专业合作组织贷款担保业务。鼓励农产品加工企业联合农民专业合作组织建立贷款担保机构，为其提供贷款担保。在发展农村小额贷款组织试点中，要将农民专业合作组织作为重点支持对象。鼓励由农民专业合作组织牵头组织成员集中参加农业保险，提高农业保险的组织化程度。

(4)税费优惠。农民林业专业合作社享受国家规定的对林业生产、加工、流通、服务和其他涉林经济活动相应的税收优惠。对面向农民专业合作组织收取的政府性基金和行政事业性收费，要组织全面清理，凡属地方违规设立的收费项目一律取消。严禁向农民专业合作组织乱集资、乱摊派、乱收费。全面落实《省政府关于取消和停止征收部分行政事业性收费和政府性基金项目的通知》(苏政发〔2008〕78 号)规定，切实减轻农民专业合作组织负担。对农民专业合作组织免除义务植树统筹费、义务植树绿化费、种子质量监督检验费、种畜禽管理费、农产品质量监督抽查检验费、食品生产经营者审查费以及税务登记证、组织机构代码标识证书等证照工本费和年检(审)费；减半收取畜禽及畜禽产品防疫检疫费、水资源费、卫生防疫防治监督监测检测费、土壤肥料测试费、计量器具检定费。合作组织兴办的加工企业生产用水，由所在县(市)水行政主管部门会同有关部门核定年度用水计划，计划内用水减半征收水资源费。

(5)电价优惠。农民专业合作组织从事果场、林场、蚕场、水产养殖、花圃(电加热)、苗圃、蔬菜种植、茶叶种植以及灯光诱虫、农田排涝、灌溉、打井、打场、脱粒、积肥、育秧、防汛临时用电、现代化或专业化畜禽养殖和孵化用电，执行农业生产用电电价政策。

(6)绿色通道政策。对省级“四有”(有组织活动、有合作手段、有较大规模、有明显经济效益)农民专业合作组织运输鲜活农产品及其加工品，实行发放绿色通道通行证制度，对持证车辆免收所有普通公路(桥梁、隧道)

通行费。

(7)保障建设用地。农民专业合作组织使用本集体经济组织土地兴办规模化畜禽养殖所需用地，按照农用地进行管理。农民专业合作组织农业机械存放场库用地，按照农业生产用地办理手续。合作组织兴办加工企业所需的建设用地，由当地国土资源部门统筹安排用地计划，积极提供用地服务。

同时，县级以上各级人民政府及其林业主管部门应当依照法律规定，依据各自职责，对农民林业专业合作社的建设和发展给予指导、扶持和服务。

73. 公共财政支持集体林业发展政策措施有哪些

根据中央《意见》和省政府《实施意见》，公共财政支持集体林业发展政策措施主要有：

(1)建立和完善森林生态效益补偿基金制度，按照“谁开发谁保护，谁受益谁补偿”的原则，多渠道筹集公益林补偿基金。各级财政要按照分级管理、事权与财权相匹配的原则，将公益林的规划、建设、保护和管理经费纳入地方人民政府财政预算。省财政对省级以上公益林按一定标准予以补助，市、县(市、区)财政根据实际情况对本级以上公益林予以补助，并根据经济发展情况逐步提高补偿标准。

(2)建立造林、抚育、保护、管理投入补贴制度，对森林防火、病虫害防治、林木良种、沼气建设给予补贴，对森林抚育，木本粮油、生物质能源林、珍贵树种及大径材培育给予扶持。

(3)改革育林基金管理办法，逐步降低育林基金征收比例，规范用途。

(4)各级政府要将林业部门行政事业经费纳入同级财政预算，森林防火、林业有害生物防治以及林业行政执法体系等基础设施建设要纳入各级政府基本建设规划，国有、集体林业场圃的教育、交通、供水、供电、通信等基础设施建设要纳入相关行业发展规划。

(5)集体林权制度改革的工作经费纳入同级财政预算，足额落实到位。中央财政给予适当的补助。

(6)对财政困难的县乡，中央和省级财政要加大转移支付力度。

机制保障篇

74. 如何做好宣传发动工作

中央《意见》要求，加强舆论宣传，努力营造有利于集体林权制度改革的社会氛围。要坚持舆论先行，加强策划，精心组织，正面引导，充分利用党报、党刊、广播、电视、网络等媒体，采取多种形式深入广泛地组织宣传中央《意见》和省政府《实施意见》的基本精神和要求，大力宣传集体林权制度改革的重大意义、指导思想、基本原则、总体目标、主要任务、政策措施及典型经验和显著成效，使中央和我省关于林改的部署安排、方针政策家喻户晓，深入人心。要通过宣传，把政策交给群众，让群众了解，支持改革，自觉参与改革；要通过宣传，解决改革中的思想认识问题，特别是各级领导干部对集体林权制度改革的认识问题，形成全社会关注、支持、参与的良好氛围，为林改的稳步推进提供强大的舆论支持和精神动力。

75. 如何做好业务培训工作

中央《意见》提出，要加强对领导干部、林改工作人员包括农村基层干部的培训。各级林业部门要按照自上而下、逐级培训的做法，层层抓好培训工作，加强对领导干部、工作人员和基层干部群众，特别要重视对集体经济组织林权制度改革工作小组成员的培训工作。要本着因地制宜、注重实效、提高能力的原则，采取现场培训、集中培训、以会代训等多种形式逐级开展专项培训，使各级领导干部提高思想认识，掌握方针政策，提高组织和驾驭改革的能力。要通过培训，使参与改革的工作人员吃透有关法律法规和政策的精神，熟悉工作程序，掌握方式方法，提高应对改革复杂情况的能力和水平，提高指导和服务改革的意识和能力，确保改革质量符合要求。

76. 集体林权制度改革的工作机制是什么

集体林权制度改革是对农村重要生产资料再分配、内部利益再调整的一项重大改革，涉及面广、政策性强、工作量大、情况复杂。因此，从改革一开始就要精心组织、周密部署、环环相扣，步步深入，确保改革顺利推进。中央《意见》提出，“要实行主要领导负责制，层层落实领导责任。建立县（市、区）直接领导、乡镇组织实施、村组具体操作、部门搞好服务的工作机制，充分发挥农村基层党组织的作用”。省政府《实施意见》提出，“省政府成立省集体林权制度改革工作领导小组，负责研究确定推进改革工作的重大事项。领导小组办公室设在省林业局，负责日常工作。林区有关市、县（市、区）也要成立相应的领导小组和工作班子，制定工作计划，明确目标任务，拟定实施意见，扎实推进改革。各有关部门要各司其职、密切配合，积极参与改革，形成支持改革的合力”。各级政府要把集体林权制度改革作为一件大事来抓，摆上重要位置，实行主要领导负责制，层层落实领导责任，各有关部门要积极参与改革，主动支持改革，各司其职，密切配合，通力协作，特别是林业主管部门要当好参谋，加强指导和服务；乡镇要精心组织，周密安排，确保工作落实到位，政策宣传到位，指导服务到位；村组是改革实施主体，要负责组织制定改革实施方案，具体操作改革，要让农民明白集体林权制度改革的政策，改什么、怎么改交给农民决定。同时，要加强农村基层党组织建设，发挥党员干部先锋模范的作用，带好头、引好路，把改革大事办好办实。

77. 对党员干部在集体林权制度改革中有何纪律要求

中央《意见》和省政府《实施意见》都要求“要严肃工作纪律，党员干部特别是各级领导干部，要以身作则，决不允许借改革之机，为本人和亲友谋取私利”，明确了党员干部在集体林权制度改革中的纪律要求。党员干部作为社会组织中的特定群体，其行为应当受到《中国共产党纪律处分条例》、《公务员法》等党纪国法的约束，在集体林权制度改革中必须廉洁从政，依法依纪履行公职，决不允许借改革之机，为本人和亲戚朋友谋取不正当利益。

78. 如何做好集体林权制度改革统计调度工作

集体林权制度改革统计调度是把握动态、加强指导、为领导科学决策提供依据的重要工作。中央《意见》要求强化调度、统计工作。国家林业局分别下发了《关于开展集体林权制度改革统计调度工作的通知》（办策字〔2008〕

24 号)、《关于填报〈集体林权制度改革情况统计表〉的通知》(林改综〔2009〕22 号),省林业局下发了《关于填报〈集体林权制度改革情况统计表〉的通知》(苏林传〔2009〕8 号),要求各级林业主管部门高度重视、提高认识、加强领导,确保集体林权制度改革统计调度工作顺利进行;要建立工作责任制,确定专人负责,保证统计上报数据的客观、真实、有效;保持信息沟通渠道的畅通有序,按时上报集体林权制度改革的基本情况、进展程度、改革成效等各项统计信息。

79. 明晰产权工作检查验收的主要内容是什么

集体林权制度改革是一项复杂的系统工程,中央《意见》提出要强化检查和督导,切实把质量管理贯穿于集体林权制度改革的始终,省政府《实施意见》也提出,要加强对深化集体林权制度改革工作的目标考核和督促检查,确保改革有序推进、取得实效。明晰产权工作检查验收内容主要有以下几个方面:

(1)组织实施情况。主要包括成立改革领导小组及办公室的情况;召开相关会议和印发相关文件以及出台的主要政策措施的情况;落实工作经费和相关资金的情况;开展相关培训和政策宣传的情况等。

(2)实地勘界情况。主要包括勘界工作的组织情况、实地勘测宗地面积和四至界限是否准确、勘界资料是否完整准确、林权资料是否齐全等。

(3)方案制定及实施情况。主要是市、县、乡改革指导方案制定情况和集体经济组织林权制度改革实施方案的制定情况。具体包括改革方案内容是否符合法律和有关政策的要求；是否进行公示，是否经过村民会议三分之二以上成员或三分之二以上的村民代表同意等。

(4)承包合同签订情况。主要包括承包经营合同是否依法签订；是否按照《意见》要求落实双方责任；合同内容是否依法规范完整的情况。

(5)股权证发放情况。包括股权折算、登记和确定是否规范，股权证的制作和填写是否规范，每个成员是否领取了股权证等。

(6)林权证核发情况。主要包括林权证发放数量；林权登记程序是否合法；林权证相关内容填写是否准确并符合政策规定；人、地、证、图、表、册是否相符等。

(7)林权纠纷调处情况。主要包括建立纠纷调处机制情况，林权纠纷发生件数、面积和已调处纠纷的面积、案件件数；林权纠纷调处档案建立情况等。

(8)林权档案管理情况。主要是林权档案建立和管理是否按照国家和省集体林权制度改革档案管理有关规定执行。

(9)群众满意情况。主要是改革政策、程序、内容、方法、结果公开情况；农民对改革政策的理解与参与情况；农民满意程度等情况。

80. 此次集体林权制度改革的档案资料主要包括哪些内容

为保证此次林改工作的历史原貌，县（市）、乡（镇）、村委会均须建立相应的林权档案。档案包括以下内容：集体经济组织关于集体林权制度改革的会议记录；成立集体林权制度改革工作小组的文件；村民会议或村民会议授权的村民代表（或户代表）会议通过，并经村民（代表）签名的各项决议和集体林权制度改革实施方案；集体林权制度改革摸底记录；经张榜公示的股权登记表；各类《承包合同书》；乡规民约；集体林权制度改革工作总结等资料。以上档案一式三份，由县级林业主管部门、乡（镇）人民政府和村集体经济组织各存档一份。

县（市）级、乡（镇）存档资料还应当包括：乡（镇）林改实施方案、承包合同书、外业调查表、林权登记申请表、林权证发证情况登记表、纠纷调解协议书、裁决书、县（市）、乡（镇）、村民委员会有关重要通知、决定及上级下发的相关文件资料，市级以上机关下发的各种文件资料。乡（镇）有关通知、决定、村委会有关通知、决定及上级下发的相关文件资料等。

附 录

中共中央　国务院关于全面推进集体林权制度改革的意见

中发〔2008〕10号

（2008年6月8日）

新中国成立后，特别是改革开放以来，我国集体林业建设取得了较大成效，对经济社会发展和生态建设做出了重要贡献。集体林权制度虽经数次变革，但产权不明晰、经营主体不落实、经营机制不灵活、利益分配不合理等问题仍普遍存在，制约了林业的发展。为进一步解放和发展林业生产力，发展现代林业，增加农民收入，建设生态文明，现就全面推进集体林权制度改革提出如下意见。

一、充分认识集体林权制度改革的重大意义

（一）集体林权制度改革是稳定和完善农村基本经营制度的必然要求。集体林地是国家重要的土地资源，是林业重要的生产要素，是农民重要的生活保障。实行集体林权制度改革，把集体林地经营权和林木所有权落实到农户，确立农民的经营主体地位，是将农村家庭承包经营制度从耕地向林地的拓展和延伸，是对农村土地经营制度的丰富和完善，必将进一步解放和发展农村生

产力。

（二）集体林权制度改革是促进农民就业增收的战略举措。林业产业链条长，市场需求大，就业空间广。实行集体林权制度改革，让农民获得重要的生产资料，激发农民发展林业生产经营的积极性，有利于促进农民特别是山区农民脱贫致富，破解“三农”问题，推进社会主义新农村建设。

（三）集体林权制度改革是建设生态文明的重要内容。建设生态文明、维护生态安全是林业发展的首要任务。实行集体林权制度改革，建立责权利明晰的林业经营制度，有利于调动广大农民造林育林的积极性和爱林护林的自觉性，增加森林数量，提升森林质量，增强森林生态功能和应对气候变化的能力，繁荣生态文化，促进人与自然和谐，推动经济社会可持续发展。

（四）集体林权制度改革是推进现代林业发展的强大动力。林业是国民经济和社会发展的重要公益事业和基础产业。实行集体林权制度改革，培育林业发展的市场主体，发挥市场在林业生产要素配置中的基础性作用，有利于发挥林业的生态、经济、社会和文化等多种功能，满足社会对林业的多样化需求，促进现代林业发展。

二、集体林权制度改革的指导思想、基本原则和总体目标

（五）指导思想。全面贯彻党的十七大精神，高举中国特色社会主义伟大旗帜，以邓小平理论和“三个代表”

重要思想为指导，深入贯彻落实科学发展观，大力实施以生态建设为主的林业发展战略，不断创新集体林业经营的体制机制，依法明晰产权、放活经营、规范流转、减轻税费，进一步解放和发展林业生产力，促进传统林业向现代林业转变，为建设社会主义新农村和构建社会主义和谐社会作出贡献。

（六）基本原则。坚持农村基本经营制度，确保农民平等享有集体林地承包经营权；坚持统筹兼顾各方利益，确保农民得实惠、生态受保护；坚持尊重农民意愿，确保农民的知情权、参与权、决策权；坚持依法办事，确保改革规范有序；坚持分类指导，确保改革符合实际。

（七）总体目标。用5年左右时间，基本完成明晰产权、承包到户的改革任务。在此基础上，通过深化改革，完善政策，健全服务，规范管理，逐步形成集体林业的良性发展机制，实现资源增长、农民增收、生态良好、林区和谐的目标。

三、明确集体林权制度改革的主要任务

（八）明晰产权。在坚持集体林地所有权不变的前提下，依法将林地承包经营权和林木所有权，通过家庭承包方式落实到本集体经济组织的农户，确立农民作为林地承包经营权人的主体地位。对不宜实行家庭承包经营的林地，依法经本集体经济组织成员同意，可以通过均股、均利等其他方式落实产权。村集体经济组织可保留少量的集体林地，由本集体经济组织依法实行民主经营

管理。

林地的承包期为70年。承包期届满，可以按照国家有关规定继续承包。已经承包到户或流转的集体林地，符合法律规定、承包或流转合同规范的，要予以维护；承包或流转合同不规范的，要予以完善；不符合法律规定的，要依法纠正。对权属有争议的林地、林木，要依法调处，纠纷解决后再落实经营主体。自留山由农户长期无偿使用，不得强行收回，不得随意调整。承包方案必须依法经本集体经济组织成员同意。

自然保护区、森林公园、风景名胜区、河道湖泊等管理机构和国有林（农）场、垦殖场等单位经营管理的集体林地、林木，要明晰权属关系，依法维护经营管理区的稳定和林权权利人的合法权益。

（九）勘界发证。明确承包关系后，要依法进行实地勘界、登记，核发全国统一式样的林权证，做到林权登记内容齐全规范，数据准确无误，图、表、册一致，人、地、证相符。各级林业主管部门应明确专门的林权管理机构，承办同级人民政府交办的林权登记造册、核发证书、档案管理、流转管理、林地承包争议仲裁、林权纠纷调处等工作。

（十）放活经营权。实行商品林、公益林分类经营管理。依法把立地条件好、采伐和经营利用不会对生态平衡和生物多样性造成危害区域的森林和林木，划定为商品林；把生态区位重要或生态脆弱区域的森林和林木，划定为公益林。对商品林，农民可依法自主决定经营方向和经营模式，生产的木材自主销售。对公益林，在不破坏生态功能的前提下，可依法合理利用林地资源，开发林下种养业，利用森林景观发展森林旅游业等。

（十一）落实处置权。在不改变林地用途的前提下，林地承包经营权人可依法对拥有的林地承包经营权和林木所有权进行转包、出租、转让、入股、抵押或作为出资、合作条件，对其承包的林地、林木可依法开发利用。

（十二）保障收益权。农户承包经营林地的收益，归农户所有。征收集体所有的林地，要依法足额支付林地补偿费、安置补助费、地上附着物和林木的补偿费等费用，安排被征林地农民的社会保障费用。经政府划定的公益林，已承包到农户的，森林生态效益补偿要落实到户；未承包到农户的，要确定管护主体，明确管护责任，森林生态效益补偿要落实到本集体经济组织的农户。严格禁止乱收费、乱摊派。

（十三）落实责任。承包集体林地，要签订书面承包合同，合同中要明确规定并落实承包方、发包方的造林育林、保护管理、森林防火、病虫害防治等责任，促进森林资源可持续经营。基层林业主管部门要加强对承包合同的规范化管理。

四、完善集体林权制度改革的政策措施

（十四）完善林木采伐管理机制。编制森林经营方案，改革商品林采伐限额管理，实行林木采伐审批公示制度，简化审批程序，提供便捷服务。严格控制公益林采伐，

依法进行抚育和更新性质的采伐，合理控制采伐方式和强度。

（十五）规范林地、林木流转。在依法、自愿、有偿的前提下，林地承包经营权人可采取多种方式流转林地经营权和林木所有权。流转期限不得超过承包期的剩余期限，流转后不得改变林地用途。集体统一经营管理的林地经营权和林木所有权的流转，要在本集体经济组织内提前公示，依法经本集体经济组织成员同意，收益应纳入农村集体财务管理，用于本集体经济组织内部成员分配和公益事业。

加快林地、林木流转制度建设，建立健全产权交易平台，加强流转管理，依法规范流转，保障公平交易，防止农民失山失地。加强森林资源资产评估管理，加快建立森林资源资产评估师制度和评估制度，规范评估行为，维护交易各方合法权益。

（十六）建立支持集体林业发展的公共财政制度。各级政府要建立和完善森林生态效益补偿基金制度，按照“谁开发谁保护、谁受益谁补偿”的原则，多渠道筹集公益林补偿基金，逐步提高中央和地方财政对森林生态效益的补偿标准。建立造林、抚育、保护、管理投入补贴制度，对森林防火、病虫害防治、林木良种、沼气建设给予补贴，对森林抚育、木本粮油、生物质能源林、珍贵树种及大径材培育给予扶持。改革育林基金管理办法，逐步降低育林基金征收比例，规范用途，各级政府要将林业部门行政事业经费纳入财政预算。森林防火、病虫害防治以及林业行政执法体系等方面的基础设施建设要纳入各级政府基本建设规划，林区的交通、供水、供电、通信等基础设施建设要依法纳入相关行业的发展规划，特别是要加大对偏远山区、沙区和少数民族地区林业基础设施的投入。集体林权制度改革工作经费，主要由地方财政承担，中央财政给予适当补助。对财政困难的县乡，中央和省级财政要加大转移支付力度。

（十七）推进林业投融资改革。金融机构要开发适合林业特点的信贷产品，拓宽林业融资渠道。加大林业信贷投放，完善林业贷款财政贴息政策，大力发展对林业的小额贷款。完善林业信贷担保方式，健全林权抵押贷款制度。加快建立政策性森林保险制度，提高农户抵御自然灾害的能力。妥善处理农村林业债务。

（十八）加强林业社会化服务。扶持发展林业专业合作组织，培育一批辐射面广、带动力强的龙头企业，促进林业规模化、标准化、集约化经营。发展林业专业协会，充分发挥政策咨询、信息服务、科技推广、行业自律等作用。引导和规范森林资源资产评估、森林经营方案编制等中介服务健康发展。

五、加强对集体林权制度改革的组织领导

（十九）高度重视集体林权制度改革。各级党委、政府要把集体林权制度改革作为一件大事来抓，摆上重要位置，精心组织，周密安排，因势利导，确保改革扎实推进。要实行主要领导负责制，层层落实领导责任。建

立县(市)直接领导、乡镇组织实施、村组具体操作、部门搞好服务的工作机制，充分发挥农村基层党组织的作用。改革方案的制定要依照法律、尊重民意、因地制宜，改革的内容和具体操作程序要公开、公平、公正。在坚持改革基本原则的前提下，鼓励各地积极探索，确保改革符合实际、取得实效。要加强对领导干部、林改工作人员包括农村基层干部的培训，强化调度、统计、检查、督导和档案管理工作。要严肃工作纪律，党员干部特别是各级领导干部，要以身作则，决不允许借改革之机，为本人和亲友谋取私利。要健全纠纷调处工作机制，妥善解决林权纠纷，及时化解矛盾，维护农村稳定。

(二十)切实加强和改进林业管理。各级林业主管部门要适应改革新形势，进一步转变职能，加强林业宏观管理、公共服务、行政执法和监督。要深入调查研究，认真总结经验，加强工作指导，改进服务方式。推行林业综合行政执法，严厉打击破坏森林资源的违法行为。要加强森林防火、病虫害防治等公共服务体系建设，健全政府主导、群防群治的森林防火、防病虫害、防乱砍滥伐的工作机制。建立科技推广激励机制，加大培训力度，实施林业科技入户工程。加强基层林业工作机构建设，乡镇林业工作站经费纳入地方财政预算。

(二十一)努力形成各方面支持改革的合力。集体林权制度改革涉及面广、政策性强。各有关部门要各司其职，密切配合，通力协作，积极参与改革，主动支持改革。各群众团体和社会组织要发挥各自作用，为推进集体林权制度改革贡献力量。加强舆论宣传，努力营造有利于集体林权制度改革的社会氛围。

集体林权制度改革是农村生产关系的重大变革，事关全局、影响深远。我们要紧密团结在以胡锦涛同志为总书记的党中央周围，高举中国特色社会主义伟大旗帜，以邓小平理论和“三个代表”重要思想为指导，深入贯彻落实科学发展观，解放思想，坚定信心，开拓进取，扎实推进集体林权制度改革，为夺取全面建设小康社会新胜利做出新的贡献。

江苏省人民政府
关于深化集体林权制度改革的实施意见

苏政发〔2008〕100 号

各市、县人民政府，省各委、办、厅、局，省各直属单位：

改革集体林权制度，是农村家庭承包经营制度在林业上的延伸拓展，是对农村土地经营制度的丰富完善，是促进现代林业发展、农民增收的重要举措，是建设生态文明、推动经济社会可持续发展的强大动力。近几年来，全省各地积极推进林权制度改革，有效地调动了广大农民和社会力量参与林业建设的积极性，促进了林业生产力发展，为我省经济社会发展和生态省建设做出了重要贡献。但部分林业资源产权不明晰、经营机制不灵活、利益分配不尽合理现象依然存在。为进一步解放和发展林业生产力，建立适应现代林业发展要求的集体林权制度和经营机制，加快绿色江苏建设步伐，根据《中共中央国务院关于全面推进集体林权制度改革的意见》(中发〔2008〕10 号)，结合江苏实际，现就深化集体林权制度改革提出如下实施意见。

一、深化集体林权制度改革的指导思想、基本原则和总体目标

（一）指导思想。全面贯彻党的十七届三中全会和省委十一届五次全会精神，以科学发展观为指导，紧紧围绕实现“两个率先”和绿色江苏建设目标，不断创新集体林业经营的体制机制，进一步明晰林地使用权和林木所有权，放活林地林木经营权，落实处置权，保障收益权，加快林业发展步伐，为建设社会主义新农村和构建社会主义和谐社会做出积极贡献。

（二）基本原则。坚持农村基本经营制度，积极稳妥推进改革，确保规范操作；坚持统筹兼顾各方面利益，尊重农民意愿，确保农民得实惠、生态受保护；坚持因地制宜，依法办事，确保改革符合当地实际。

（三）总体目标。用 2 年左右时间，基本完成明晰产权、落实集体林地使用权和林木所有权的改革任务。在此基础上，逐步完善政策，建立产权归属清晰、经营主体明确、责权划分具体、利益分配合理、流转程序规范、融资渠道通畅、监管服务到位的集体林权制度，实现资源增长、林业增效、农民增收、生态改善的目标。

二、深化集体林权制度改革的主要内容

（四）改革的范围和重点。改革的范围是：农村集体经济组织的林地和林木。改革的重点是：目前仍由农村集体经济组织经营，以及虽已通过招标、拍卖、公开协

商等方式明确经营管护主体、但尚未明晰初始产权的集体商品林、宜林地。按照逐级负责、分级调处的原则，积极调解有争议的林地和林木权属争议，争议未解决前暂不纳入改革范围。

（五）明晰产权。在坚持集体林地所有权和林地用途不变的前提下，依法将集体统一经营的集体林地和林木，通过均股、均利等方式将产权落实到本集体经济组织的农户。对已通过招标、拍卖、公开协商等承包方式明确其他经营管护主体、但尚未明晰本集体经济组织成员初始产权的集体林地，应当按照均股、均利方式将产权落实到本集体经济组织成员。已经承包到户或流转的集体林地，符合法律规定、承包或流转合同规范的，要予以维护；承包或流转合同不规范的，要予以完善；不符合法律规定的，要依法纠正。

已划定的自留山，由农户长期无偿使用，不得强行收回，不得随意调整。分包到户的责任山，保持承包关系稳定，承包期内允许继承。责任山承包到期后，可以以均股、均利方式在本集体经济组织内落实产权，也可以依法继续实行家庭承包经营，承包期为 70 年。对面积、界址不清的责任山，在明晰界址的基础上完善承包合同，明确双方的权利和义务。

集体林地林木产权改革方案，要按照村民民主议事的方式审议通过。在明晰产权过程中，集体林地的产权关系不能因行政区划的调整而随意变更。行政区划调整以后合并的村和村民小组，明晰集体统一经营的林地林木产权时，原则上以合并前的村或村民小组为单位进行。在农村土地二轮承包时，如果是按合并后的村或村民小组确权、并经2/3以上村民或农户同意的，应当按照合并后的村或村民小组进行确权。

国有林业场圃、自然保护区、森林公园等单位经营管理的集体林地林木，要明晰权属关系，依法维护经营区的稳定和林权权利人的合法权益。

(六)勘界发证。明确林地林木产权关系后，要依法进行确权勘界、登记，核(换)发林权证书，做到图、表、册一致，人、地、证相符。尚存在林权纠纷的，依法调处解决后再核发林权证。各级林业主管部门应明确专门的林权管理机构，承办同级人民政府交办的林权登记造册、核发证书、档案管理、流转管理、林地承包争议仲裁、林权纠纷调处等工作。

(七)放活经营权。实行商品林、公益林分类经营管理。商品林经营者可依法自主决定经营方向和经营模式，生产的木材自主销售，按规定享受国家林业相关优惠政策；经营者自愿按照公益林经营的，根据公益林区划界定标准和有关条件，可依法依规划定为公益林，列入森林生态效益补偿范围。

按照均股、均利方式明晰产权的集体林地，通过集体民主议事决策程序，可以由集体统一经营管理，也可以通过招标、拍卖、公开协商等方式落实承包经营主体，在同等条件下本集体经济组织成员享有优先承包权。为保护集体经济组织及其成员的长期收益，承包经营期限应合理确定。鼓励集体经济组织成立股份合作社、专业合作社等，对集体林地实行规模经营。

（八）落实处置权。在不改变林地用途的前提下，林地承包经营权人对拥有的林地承包经营权和林木所有权可依法采取转包、出租、转让、入股、抵押等方式进行流转，或作为出资、合作条件进行开发利用。流转林地经营权和林木所有权的期限，不得超过承包期的剩余期限。林权流转要使用林业部门统一规范的林地经营合同文本，明确权属关系和双方的权利与义务。

（九）保障收益权。农户承包经营林地的收益，归农户所有。按照均股、均利方式明晰产权的，集体经济组织应将不低于70%的收益平均分配给本集体经济组织成员，其余要用于集体公益事业。依法保护林地承包经营者的合法权益，严禁在林地发包过程中乱摊派、乱收费，变相加重经营者负担。

征收农户承包的林地，要依法足额予以补偿。任何单位和个人不得贪污、挪用、私分、截留、拖欠征收林地的补偿经费。支付给农村集体经济组织的林地补偿经费的使用和分配，由本集体经济组织成员讨论决定。

三、完善集体林权制度改革的配套政策

（十）完善林木采伐管理机制。在坚持森林采伐管理制度的前提下，进一步放宽对商品林的采伐管理。对定向培育并达到一定规模的工业原料林经营单位，实行采伐限额单列，并予以充分满足。对农户个人经营的商品

林，符合采伐条件的，实行即申即批。对成熟的人工商品用材林，在采伐限额内优先审批。实行林木采伐审批公示制度，简化审批程序。

（十一）建立森林资源资产评估体系和流转市场。按照国家有关规定，抓紧建立森林资源资产评估和监督管理制度，加强林地、林木流转管理，建立健全产权交易平台，为林权流转提供规范化服务，维护交易各方合法权益。县级以上林业技术推广、林业科研教学、森林资源监测等单位，可以依法依规提供森林资源资产评估咨询服务。抓紧制定森林资源流转管理办法，规范流转程序，保障公平交易。根据森林资源分布状况，建立区域性森林资源资产流转交易市场，为规范流转创造条件。

（十二）推进林业投融资改革。增加林业信贷投放，完善林业贷款财政贴息政策，扩大面向农户的林业小额信贷和联保贷款。鼓励商业银行、农村信用合作社等金融机构，开发林权抵押贷款等适合林业特点的信贷产品。鼓励林业企业上市融资。林业部门要做好林权抵押登记工作，在抵押贷款期间，未经抵押权人同意，不得发放林木采伐许可证，不予办理林权变更手续。鼓励保险机构开发与林业相关的保险产品，开展林业保险试点，将林业保险纳入政策性农业保险，提高林业经营者抵御自然灾害的能力。

（十三）加强乡镇林业站和林业社会化服务体系建设。乡镇林业工作站承担基层林业政策宣传、资源保护、生产组织、科技推广和社会化服务等公益性职能。林业面积较大的乡镇，可在现有乡镇农业技术服务中心增挂乡镇林业站牌子，配备专职或兼职林业技术人员，经费纳入地方财政预算，保证基层林业技术队伍稳定。重点培育一批辐射面广、带动力强的林业专业合作组织和林业经济实体，促进林业规模化、标准化、集约化经营。

（十四）建立支持集体林业发展的公共财政制度。各级政府要建立和完善森林生态效益补偿基金制度，按照“谁开发谁保护、谁受益谁补偿”的原则，多渠道筹集森林生态效益补偿基金。各级财政要按照分级管理、事权与财权相匹配的原则，将公益林的规划、建设、保护和管理经费纳入地方人民政府财政预算。省财政对省级以上公益林按一定标准予以补助，市、县（市、区）财政根据实际情况对本级以上公益林予以补助，并根据经济发展情况逐步提高补偿标准。完善支持林业发展的财政政策，逐步降低育林基金征收标准。各级政府要将林业部门行政事业经费纳入同级财政预算，将国有、集体林业场圃的教育、交通、供水、供电、通信等基础设施建设纳入相关行业发展规划。

四、切实提高集体林权制度改革的组织领导水平

（十五）加强组织领导。集体林权制度改革政策性强、涉及面广、工作量大。各级政府要把深化集体林权制度改革作为一件重要工作来抓，切实加强组织领导。省政府成立省集体林权制度改革工作领导小组，负责研究确定推进改革工作的重大事项。领导小组办公室设在省林

业局，负责日常工作。林区有关市、县(市、区)也要成立相应的领导小组和工作班子，制定工作计划，明确目标任务，拟定实施意见，扎实推进改革。各有关部门要各司其职、密切配合，积极参与改革，形成支持改革的合力。严肃工作纪律，党员干部特别是各级领导干部要以身作则，决不允许借改革之机，为本人和亲友谋取私利。集体林权制度改革的工作经费纳入同级财政预算，足额落实到位。

(十六)积极稳妥推进。在搞好调查摸底充分掌握本地社情、民情、林情的基础上，科学制定集体林权制度改革方案。严格按照法定程序，规范操作，先易后难，有步骤、分阶段推进改革。各地可以选择具有代表性的地方进行改革试点，在试点成功基础上全面推开。

(十七)强化管理服务。加强宣传教育，把握正确的舆论导向，提高农民的民主意识和法制意识。健全纠纷调处工作机制，妥善解决林权纠纷，及时化解矛盾，维护农村稳定。各级林业主管部门要适应改革新形势，进一步转变职能，加强林业管理、公共服务、执法监督。做好改革过程中档案的收集整理，保证档案资料完整、准确、规范。加强对深化集体林权制度改革工作的目标考核和督促检查，确保改革有序推进、取得实效。

二〇〇八年十一月二十四日

中国人民银行南京分行
江苏省财政厅
中国银行业监督管理委员会江苏监管局
中国保险监督管理委员会江苏监管局
江苏省林业局
关于转发《中国人民银行 财政部 银监会 保监会 林业局关于做好集体林权制度改革与林业发展金融服务工作的指导意见》的通知

南银发〔2009〕76号

人民银行南京分行营业管理部、江苏省各市中心支行；各市（县）财政局、银监分局、林业（农林、林牧渔业）局；各政策性银行江苏省（南京）分行、国有商业银行江苏省分行、股份制商业银行南京分行，江苏银行，邮政储蓄银行江苏省分行，江苏省农联社；各保险公司省级分公司：

为进一步推动集体林权制度改革与林业发展，中国人民银行、财政部、银监会、保监会和国家林业局联合印发了《关于做好集体林权制度改革与林业发展金融服务工作的指导意见》（银发〔2009〕170号，以下简称《指导意见》)，现将该意见转发给你们，并提出以下贯彻意见，请一并遵照执行。

一、人民银行南京分行营业管理部、江苏省各市中心支行(以下简称各市人民银行)和各市财政局、银监分局、林业(农林、林牧渔业)局要根据相关政策要求，加强协调配合，依法履行职责，加强对《指导意见》中有关政策的落实和宣传，积极鼓励、引导、督促银行金融机构和保险公司切实做好对集体林权制度改革与林业发展的金融支持和服务工作。

二、银行业金融机构要根据各地集体林权制度改革的推进情况，创新贷款抵(质)押方式，扩大林业贷款覆盖面，合理延长贷款期限，简化信贷流程，对林权质押贷款给予贷款利率优惠。要大力支持林业规模化经营，增加对林业产业化龙头企业、林业互助合作组织和林业大户的授信规模。要积极为林业企业发行非金融企业债务融资工具提供良好的服务。

三、保险公司要因地制宜、有针对性地开发森林保险险种。合理厘定费率，加大宣传力度，提高森林保险覆盖率，探索有效的风险分散机制，保证森林保险险种的可操作性和可持续性。

四、各市林业(农林、林牧渔业)局要稳步推进集体林权制度改革，为金融介入提供良好的政策环境。加快林业资源评估登记机构建设，规范林业资产评估、登记、流通等环节的收费标准，切实保护林农和林企利益。

五、请各市人民银行、财政局、银监分局、林业(农林、林牧渔业）局迅速将本通知联合转发至辖内相关单位。各市相关部门要结合当地实际，加大政策落实力度，并将政策落实情况、落实过程中出现的新情况、新问题于7月20日前分别向上级单位报告。各省级金融机构要将政策贯彻落实情况于7月20日前报告人民银行南京分行和江苏银监局。

附件：中国人民银行 财政部 银监会 保监会 国家林业局关于做好集体林权制度改革与林业发展金融服务工作的指导意见（银发〔2009〕170号）

二〇〇九年六月十五日

附件：

中国人民银行　财政部
银监会　保监会　林业局
关于做好集体林权制度改革与
林业发展金融服务工作的指导意见

银发〔2009〕170号

中国人民银行上海总部，各分行、营业管理部、省会（首府）城市中心支行；各省（自治区、直辖市）财政厅（局）、银监局、保监局、林业厅（局）；各政策性银行，国有商业银行，股份制商业银行，中国邮政储蓄银行：

为深入贯彻落实《中共中央 国务院关于全面推进集体林权制度改革的意见》（中发〔2008〕10号）、《中共中央国务院关于2009年促进农业稳定发展农民持续增收的若干意见》（中发〔2009〕1号）和《国务院办公厅关于当前金融促进经济发展的若干意见》（国办发〔2008〕126号）精神，积极做好集体林权制度改革与林业发展的金融服务工作，现提出如下意见：

一、充分认识做好集体林权制度改革与林业发展金融服务工作的重要意义

林业是一项重要的公益事业和基础产业，具有经济

效益、生态效益和社会效益。长期以来，我国林业生产力水平低、林区发展滞后、林农收入增长缓慢，林业成为国民经济发展的薄弱环节。集体林权制度改革将集体林地经营权和林木所有权落实到农户，确立了农民的经营主体地位，实现了家庭承包经营制度从耕地向林地的拓展和延伸，有利于进一步解放和发展农村生产力，有利于充分调动和激发农民发展林业生产的内在积极性。全面推进集体林权制度改革是稳定和完善农村基本经营制度的必然要求，是促进农民就业增收、建设生态文明、发展现代林业的战略举措，事关广大农民的切身利益，事关经济与社会可持续发展，事关农业安全与生态安全，事关实现社会主义新农村建设和全面建设小康社会的战略目标。

积极做好集体林权制度改革与林业发展的金融服务工作，是金融部门深入学习实践科学发展观、实施强农惠农战略的重要任务之一，是当前实施扩内需、保增长、调结构、惠民生战略的重要举措，对于增加就业、促进农业增产和农民增收，拓宽农村抵押担保物范围，改进和提升农村金融服务水平，增加对“三农”的有效信贷投入意义重大。

二、切实加大对林业发展的有效信贷投入

在已实行集体林权制度改革的地区，各银行业金融机构要积极开办林权抵押贷款、林农小额信用贷款和林农联保贷款等业务。充分利用财政贴息政策，切实增加

林业贴息贷款、扶贫贴息贷款、小额担保贷款等政策覆盖面。对于纳入国家良种补贴的油茶林等林木品种，各金融机构要积极提供信贷支持。稳步推行农户信用评价和林权抵押相结合的免评估、可循环小额信用贷款，扩大林农贷款覆盖面。鼓励开展林业规模化经营，鼓励林农走“家庭合作”式、“股份合作”式、“公司+基地+农户”式等互助合作集约化经营道路，鼓励把对林业专业合作组织法人授信和对合作组织成员授信结合起来，探索创新“林业专业合作组织+担保机构”信贷管理模式与林农小额信用贷款的结合，促进提高林业生产发展的组织化程度以及借款人的信用等级和融资能力。

银行业金融机构应根据林业的经济特征、林权证期限、资金用途及风险状况等，合理确定林业贷款的期限，林业贷款期限最长可为10年，具体期限由金融机构与借款人根据实际情况协商确定。

银行业金融机构应根据市场原则合理确定各类林业贷款利率。对于符合贷款条件的林权抵押贷款，其利率一般应低于信用贷款利率；对小额信用贷款、农户联保贷款等小额林农贷款业务，借款人实际承担的利率负担原则上不超过中国人民银行规定的同期限贷款基准利率的1.3倍。各级财政要加大贴息力度，充分发挥地方财政资金的杠杆作用，逐步扩大林业贷款贴息资金规模。

农村信用社要进一步发挥在林农贷款中的重要作用。农业银行要充分发挥自身优势，继续加大林业信贷投入，同时依托“惠农卡”，积极开展符合林业产业发展的多元化金融服务。中国邮政储蓄银行应利用结算网络完善、网点众多等优势，积极提供银行卡、资金结算、小额存单质押贷款等金融服务项目。其他各国有银行要采取直贷、贷款转让、信贷资金批发等多种形式积极参与林业贷款业务。其他各商业银行设在林业发达县域内的分支机构要结合实际积极开展林业贷款业务。

支持有条件的林业重点县加快推进组建村镇银行、农村资金互助社和贷款公司等新型农村金融机构。鼓励各类金融机构和专业贷款组织通过委托贷款、转贷款、银团贷款、协议转让资金等方式加强林业贷款业务合作，促进林区形成多种金融机构参与的贷款市场体系。

各银行业金融机构对林业重点县的县级分支机构要合理扩大林业信贷管理权限，优化审贷程序，简化审批手续，推广金融超市“一站式”服务；要结合实际积极开展面向林区居民和企业的林业金融咨询和相关政策宣传。探索建立村级融资服务协管员制度。

三、引导多元化资金支持集体林权制度改革和林业发展

鼓励符合条件的林业产业化龙头企业通过债券市场发行各类债券类融资工具，募集生产经营所需资金。鼓励林区从事林业种植、林产品加工且经营业绩好、资信优良的中小企业按市场化原则，发行中小企业集合债券。

鼓励林区外的各类经济组织以多种形式投资基础性林业项目。凡是符合贷款条件的企业与个人，按法律和

政策规定程序受让集体林权，从事规模化林业种植与加工的，资金不足时，均可申请银行信贷支持。鼓励和支持各类投资基金投资林业种植等产业。支持组建林业产业投资基金。

鼓励各类担保机构开办林业融资担保业务，大力推行以专业合作组织为主体，由林业企业和林农自愿入会或出资组建的互助性担保体系。银行业金融机构应结合担保机构的资信实力、第三方外部评级结果和业务合作信用记录，科学确定担保机构的担保放大倍数，对以林权抵押为主要反担保措施的担保公司，担保倍数可放大到10倍。鼓励各类担保机构通过再担保、联合担保以及担保与保险相结合等多种方式，积极提供林业生产发展的融资担保服务。

四、积极探索建立森林保险体系

各地要把森林保险纳入农业保险统筹安排，通过保费补贴等必要的政策手段引导保险公司、林业企业、林业专业合作组织、林农积极参与森林保险，扩大森林投保面积。各地可设立森林保险补偿基金，建立统一的基本森林保险制度。

保险公司要遵循政府引导、政策支持、市场运作、协同推进的原则，积极开展森林保险业务。在推进森林保险业务过程中，要结合不同地区不同林种的不同需求，不断完善森林保险险种和服务创新。在产品开发中，要综合考虑当地林业生产中面临的主要风险，有针对性地推出基本险种和可供选择的其他险种；在保险费率厘定中要充分考虑到林业灾害发生的机率和强度的差异性，设置不同的保险费率；在承保中要坚持“保障适度、林农承担保费低廉、广覆盖”的原则；在保险理赔服务中，要按照“公开、及时、透明、到户”的原则规范理赔服务，提升森林保险的服务质量。

加大森林保险宣传力度，普及保险知识，提高林农保险意识。鼓励和引导散户林农、小型林业经营者主动参与森林保险；创新投保方式，支持林业专业合作组织集体投保，支持以一定行政单位组织形式进行统一投保，提高林农参保率和森林保险覆盖率。探索建立森林保险风险分散机制，各参与森林保险的经办机构，要对森林保险实行一定比例的超赔再保，建立超赔保障机制，提高森林保险抗风险能力。

五、加强信息共享机制和内控机制建设

建立林业部门与金融部门的信息共享机制，加快林权证登记、抵押、采伐等信息的电子化管理进程，将上述信息纳入人民银行企业和个人信用信息基础数据库，方便银行查询及贷款管理。推进人民银行征信体系建设，逐步扩大企业和个人信用信息基础数据库在林区的信息采集和使用范围，引导金融机构建立健全林农、林业专业合作组织和林业企业的电子信用档案，设计客观、有效的信用信息指标体系，建立和完善科学、合理的信用评级和信用评分制度，充分发挥信息整合和共享功能。

正确处理加大支持和防范风险的关系。银行业金融机构要加强对林业产业发展的前瞻性研究和林业投资风险的基础性研究，建立符合林业贷款特点的内部控制和风险管理制度，认真落实贷后检查和跟踪服务，建立和完善风险监测信息系统，不断充实和完善林业企业、林业合作组织和林农的数据信息，切实提高风险防范的能力和林业金融服务的可持续发展水平。

六、积极营造有利于金融支持集体林权制度改革与林业发展的政策环境

加大人民银行对林区中小金融机构再贷款、再贴现的支持力度。对林业贷款发放比例高的农村信用社等县域存款类法人金融机构，可根据其增加林业信贷投放的合理需求，通过增加再贷款、再贴现额度和适当延长再贷款期限等方式，提供流动性支持。

鼓励和支持各级地方财政安排专项资金，增加林业贷款贴息和森林保险补贴资金，建立林业贷款风险补偿基金或注资设立或参股担保公司，由担保公司按照市场运作原则，参与林业贷款的抵押、发放和还贷工作。

各级林业主管部门要认真做好森林资源勘界、确权和登记发证工作，保证林权证的真实性与合法性。要加强森林资源资产评估和林木、林地经营权依法流转管理。各林权证登记管理部门要简化林权证办理手续，降低相关收费。要采取有效措施维护银行合法债权，对在抵押贷款期间所抵押的林木，未经抵押权人同意不予发放采

伐许可证、不予办理林木所有权转让变更手续；贷款逾期时，积极协助金融机构做好抵押林权的处置工作。加快建立林权要素交易平台，加强森林资源资产评估管理，大力推进林业专业评估机构、担保机构和森林资源收储机构建设，为金融机构支持林业发展提供有效的制度和机制保障。

林业贷款的考核适用《中国银监会关于当前调整部分信贷监管政策促进经济稳健发展的通知》（银监发〔2009〕3号）对涉农贷款的相关规定。林业贷款的呆账核销、损失准备金提取等适用财政部有关对涉农不良贷款处置的相关规定。

人民银行、财政部、银监会、保监会、林业局建立联合工作小组，加强对集体林权改革与林业发展金融服务工作的协调。人民银行各分支机构与同级财政部门、银监会派出机构、保监会派出机构及林业主管部门根据实际需要建立必要的协作与信息交流机制。

人民银行各分支机构要会同同级财政部门、银监会派出机构、保监会派出机构及林业主管部门根据本意见精神和辖区林业发展实际特点，制定和完善具体实施意见或管理办法，积极引导和支持辖区金融机构不断加强和改进对林业的金融支持和服务工作，并加强林业信贷政策的导向效果评估。各金融机构要逐步建立和完善涉林贷款专项统计制度，加强涉林贷款的统计与监测分析。

请人民银行上海总部，各分行、营业管理部、省会（首府）城市中心支行会同所在省（区、市）财政厅（局）、银监局、保监局、林业厅(局)将本意见联合转发至辖内相关机构，并结合当地实际完善和细化落实措施，切实抓好贯彻实施工作。

二〇〇九年五月二十五日

江苏省人民政府
关于加快发展农民专业合作组织的通知

苏政发〔2009〕13号

各市、县人民政府，省各委、办、厅、局，省各直属单位：

为学习贯彻党的十七届三中全会和省委十一届五次全会精神，贯彻实施《农民专业合作社法》，加快发展农民专业合作组织，提高农民组织化程度，推进现代农业建设，促进农业增效、农民增收，现作如下通知。

一、深刻认识发展农民专业合作组织的重要意义

（一）发展农民专业作组织，是推进农业适度规模经营、发展现代高效农业的重要抓手。建设现代农业，必须改革传统农业经营方式，创新体制机制。发展农民专业合作组织，有利于确立农民市场主体地位，提高农民生产经营组织化程度；有利于在稳定完善农村基本经营制度的前提下，促进统一经营向发展农户联合和合作转变，突破家庭小规模、分散经营格局，推进农业标准化、产业化、规模化发展，提高农业劳动生产率、土地产出率和农业综合效益；有利于发展农产品加工流通业，带动农业结构调整，促进产业化经营。

（二）发展农民专业合作组织，是维护农民利益、促进农民增收的重要途径。农民专业合作组织按照“民办、民管、民受益”的原则组建，代表广大农民利益。发展农民专业合作组织，通过合作经营、集约经营和规模经营，有利于降低农产品生产和流通成本，让农民分享加工流通环节的利润，增加农民收入；有利于创新机制，激励农民增加投入，提高农民的财产性、投资性收益；有利于提高农民的市场谈判地位，维护农民合法权益；有利于增强农民的民主管理意识，保障农民民主权利。

（三）发展农民专业合作组织，是培育新型农民、推进社会主义新农村建设的重要载体。建设社会主义新农村，需要造就新型农民和促进农村全面发展。农民专业合作组织通过为农民提供农业科技、信息、加工、营销、教育培训等服务，有利于增强农民的市场意识、竞争能力和互助精神，提高农民运用农业科技的能力和经营水平，培养和造就懂经营、善管理、能创业的新型农民。发展农民专业合作组织，有利于促进劳动力、土地、资金等要素的合理流动，提高农村资源配置效率；有利于探索农村集体经济新的实现形式，壮大村级经济实力；有利于完善乡村治理结构，推动农村基层民主政治和精神文明建设。

二、明确发展农民专业合作组织的总体要求和基本原则

（四）总体要求。当前和今后一个时期，全省发展农

民专业合作组织的总体要求是：以党的十七届三中全会和省委十一届五次全会精神为指导，全面贯彻实施《农民专业合作社法》，以增加农民收入为中心，以发展现代农业、推进社会主义新农村建设为目标，按照服务农民、进退自由、权利平等、管理民主的要求，把发展农民专业合作组织与发展现代高效农业、推进农业产业化经营、发展壮大新型集体经济、促进农民就业创业结合起来，加大政策扶持力度，积极创新体制机制，全面加快农民专业合作组织的发展，使之成为引领农民参与市场竞争的主要组织形式。到2012年，全省参加农民合作组织的农户比例达到40%，2020年达到80%。

（五）基本原则。(1)坚持稳定完善农村基本经营制度。实行以家庭承包经营为基础、统分结合的双层经营体制，是党在农村政策的基石。发展农民专业合作组织，要坚持农村基本经营制度不动摇，通过推动农户联合和合作为家庭承包经营提供更有效、更全面的服务。(2)发展与规范并重。在发展中加强规范，在规范中加快发展，因地制宜，因势利导，多主体参与，多元化投入，多形式发展，促进农民专业合作组织加快发展。(3)实现互利共赢。以谋求成员的共同利益为根本宗旨，把发挥创办人员的积极性与普通成员的积极性结合起来，合理确定合作方式和利益分配方式，保障合作各方的利益，充分调动农民参与和发展合作组织的积极性。(4)尊重农民主体地位。充分尊重农民意愿，采用农民群众欢迎的方式方法，实行民主管理。各级政府加大政策支持力度，强化培训服务，帮助合作组织解决实际困难。

三、把发展农民专业合作组织与发展现代高效农业结合起来

（六）立足产业加快发展。围绕发展高效种养业，鼓励和支持农业产业化龙头企业等市场主体和种养大户、农村基层干部、科技人员、返乡创业农民等农村能人，利用各自优势，领办、创办农民专业合作组织，加速土地、资金、技术等生产要素流动，发展适度规模经营，推进高效农业规模化，提高农业劳动生产率、土地产出率和农业综合效益。到 2012 年，全省从事优势特色产业生产的专业大户有意愿的都能加入农民专业合作组织。

（七）大力发展农产品加工流通。把支持农民专业合作组织与发展农产品商品化处理和加工流通结合起来，鼓励和支持农民专业合作组织兴办或参股农产品加工流通企业，创建农产品品牌，增强农产品市场竞争力，使农民获得更多的加工、流通环节的增值收益。支持农民专业合作组织直接进入城市大型超市，在城市建立连锁店、直销店等新型流通业态。组织有条件的农民专业合作组织参加农产品交易洽谈会、博览会等活动，拓展国内外市场。

（八）做大规模做强实力。鼓励和支持农民专业合作组织开展专业化、集约化、规模化生产，积极发展设施

农业，带动农民调整农业产业结构，提高高效种植业、养殖业水平，形成“一乡（村）一品”、“一品一社”的发展格局。在明晰产权、自愿互利的基础上，鼓励和支持同一产业的农民专业合作组织组建联合社或农产品行业协会，提升组织化水平。充分发挥各地资源优势，做大做强一批在全省乃至在全国有影响、上规模、竞争力强的农民专业合作组织。全省每年重点培育发展 100 个具有自主品牌、产业优势明显、经济实力较强、带动农民增收显著、运行规范的示范性农民专业合作社。

四、深化“四有”农民专业合作组织创建活动

（九）推进规范化建设。组织开展有组织活动、有合作手段、有较大规模、有明显经济效益的“四有”农民专业合作组织创建活动，并将其作为推进合作组织规范化建设的重要抓手，丰富拓展创建内涵，强化省、市、县三级联创工作机制，形成争创“四有”合作社良好氛围。以制定章程和建立成员账户、台账为重点，指导农民专业合作组织建立健全民主管理制度、盈余分配制度、财务管理等制度并认真执行，促进农民专业合作组织规范化发展。针对当前农民专业合作组织发展的实际情况，有针对性地加强农民专业合作社的登记辅导和指导服务，提高农民专业合作社登记率。

（十）提升服务功能。引导农民专业合作组织创新服务形式，拓展服务领域，丰富服务内容，围绕国家产业

政策，以市场为导向，为成员开展各种有效服务。指导并督促合作组织建立生产记录制度，统一质量安全标准和生产技术规程，统一投入品采购供应，统一产品和基地认证认定，统一品牌、包装和销售，提高农产品质量安全水平，降低农产品生产成本和流通费用，提高抗御市场风险的能力。

（十一）加强辅导培训。切实加强合作组织辅导员队伍建设，建立健全省、市、县、乡（镇）四级指导服务体系，组织实施农民专业合作组织发展规划，为合作组织提供产业发展、市场营销、运行管理等辅导服务。采取分级分类培训办法，对合作组织主要负责人和财会人员进行培训辅导，培养造就一支懂术、善经营、会管理的农民合作组织经营管理人才队伍。以种养大户、农村基层干部、农村党员、科技人员、返乡创业农民为重点，加强对具有牵头兴办合作组织意愿人员的培训，促进农民专业合作组织发展。

五、加大对农民专业合作组织的政策扶持力度

（十二）加大项目扶持力度。省、市、县各级财政要设立发展农民专业合作组织专项资金，支持农民专业合作组织扩大生产能力、延长产业链、提高成员素质等。省财政逐步加大对农民专业合作组织的支持力度，重点支持省级示范合作社和成长型合作组织。各级安排的高效设施农业发展资金、外向型农业发展资金、农业综合

开发资金、农业“三项工程”建设资金、农产品质量建设资金等专项资金，要优先支持符合条件的农民专业合作组织。

（十三）落实各项税收优惠政策。农民专业合作社从事农业机耕、排灌、病虫害防治、植保、农牧保险以及相关技术培训业务，家禽、牲畜、水生动物的配种和疾病防治所取得的收入，免征营业税。从事蔬菜、谷物、薯类、油料、豆类、棉花、麻类、糖料、经济林果的种植，农作物新品种选育，中药材种植，林木培育和种植，牲畜、家禽饲养，特种动物驯养繁殖利用，林产品采集，灌溉、农产品初加工、兽（渔）医、农技推广、林技推广、农机作业和维修等农、林、牧、渔服务业项目，远洋捕捞等项目的所得，免征企业所得税。从事花卉、茶以及其他饮料作物和香料作物种植，海水养殖、内陆养殖项目所得，减半征收企业所得税。农民专业合作社用于农村交通等公共设施建设的支出，列入合作社固定资产，分期折旧在税前予以扣除。经营采摘、观光农业的农民专业合作组织，从事企业所得税法规定的农业、林业、牧业、渔业项目所得，减免企业所得税。对农民进入各类市场销售自产农产品所取得的收入，暂不征收个人所得税。比照农民销售自产农产品所得，免征农民从专业合作社取得收入的个人所得税。对农副产品收购合同以及农牧业保险合同，免征印花税。对农民专业合作社用于农业、林业、牧业、渔业的生产土地，免征城镇土地使用税。农民专业合作社用于临时性生产用房的城镇土地使用税和房产税，可以通过申请困难性减免办法，落实减免措施。对农民个人实际出资(入股)的农民合作组织，其建造的"打工楼"等收入，比照个人房屋税收处理，按照综合税率5%征收相关税收。

(十四)加强金融信贷支持。各级金融机构要将符合授信条件的农民专业合作组织列为优先支持对象，增加授信额度。农业发展银行、农业银行、农村合作金融机构每年要安排一定数量的信贷资金，支持农民专业合作发展，并简化贷款手续，在贷款利率上予以优惠。面向农户发放的小额信贷，可以用于支持农民专业合作社。允许有条件的农民专业合作社开展信用合作，允许农民专业合作组织成员之间开展资金互助合作。鼓励和支持农民专业合作组织成员间推行"联保制度"，集中授信，互保互益，经农民签字同意，由合作社集中申请小额贷款。省财政支持引导金融机构增加对农民专业合作组织的贷款发放，支持引导各类担保机构为农民专业合作组织贷款提供担保。各级安排的涉农贴息贷款项目，要向农民专业合作组织倾斜。积极发展农民专业合作组织贷款担保业务。鼓励农产品加工企业联合农民专业合作组织建立贷款担保机构，为其提供贷款担保。在发展农村小额贷款组织试点中，要将农民专业合作组织作为重点支持对象。鼓励由农民专业合作组织牵头组织成员集中参加农业保险，提高农业保险的组织化程度。

（十五）减免有关规费。对面向农民专业合作组织收取的政府性基金和行政事业性收费，要组织全面清理，凡属地方违规设立的收费项目一律取消。严禁向农民专业合作组织乱集资、乱摊派、乱收费。全面落实《省政府关于取消和停止征收部分行政事业性收费和政府性基金项目的通知》（苏政发〔2008〕78 号）规定，切实减轻农民专业合作组织负担。对农民专业合作组织免除义务植树统筹费、义务植树绿化费、种子质量监督检验费、种畜禽管理费、农产品质量监督抽查检验费、食品生产经营者审查费以及税务登记证、组织机构代码标识证书等证照工本费和年检（审）费；减半收取畜禽及畜禽产品防疫检疫费、水资源费、卫生防疫防治监督监测检测费、土壤肥料测试费、计量器具检定费。合作组织兴办的加工企业生产用水，由所在县（市）水行政主管部门会同有关部门核定年度用水计划，计划内用水减半征收水资源费。

（十六）落实电价优惠措施。农民专业合作组织从事果场、林场、蚕场、水产养殖、花圃（电加热）、苗圃、蔬菜种植、茶叶种植以及灯光诱虫、农田排涝、灌溉、打井、打场、脱粒、积肥、育秧、防汛临时用电、现代化或专业化畜禽养殖和孵化用电，执行农业生产用电电价政策。

（十七）实施绿色通道政策。对省级“四有”农民专业合作组织运输鲜活农产品及其加工品，实行发放绿色通道通行证制度，对持证车辆免收所有普通公路（桥梁、隧道)通行费。具体实施办法，由省交通厅会同省农林厅研究制定，报省政府批准执行。

(十八)积极保障建设用地。农民专业合作组织使用本集体经济组织土地兴办规模化畜禽养殖所需用地，按照农用地进行管理。农民专业合作组织农业机械存放场库用地，按照农业生产用地办理手续。合作组织兴办加工企业所需的建设用地，由当地国土资源部门统筹安排用地计划，积极提供用地服务。

六、加强对发展农民专业合作组织工作的领导

(十九)加强组织领导。各级政府要把加快发展农民专业合作组织作为实现农业“第二次飞跃”的重要组织形式与经营方式，作为发展现代农业、推进社会主义新农村建设的一项重要任务，加大工作力度，强化政策扶持，狠抓措施落实，确保取得实效。建立发展农民专业合作组织有效工作机制，及时协调解决实际问题。将农民专业合作组织发展情况作为农业农村工作考核的重要内容，强化检查考核，推动工作落实。省、市、县农经主管部门要明确农民合作组织指导服务机构，落实指导人员，全面履行职责。

(二十)强化指导服务。切实转变政府职能，加强部门协调配合，形成工作合力。各级农经主管部门要制定实施农民专业合作社发展规划，重点抓好“四有”农民专业合作社的指导服务。工商部门要强化登记前的咨询辅

导，提高登记效率。农林、渔业、水利等部门要结合行业特点，依托自身优势，强化指导服务，促进农民专业合作组织发展。供销合作社要发挥优势，真正成为发展农民专业合作组织的带动力量。财政、税务、工商、质监、交通、国土、物价、金融、电力等部门和单位要认真落实各项扶持政策。新闻单位要加强对农民专业合作组织的宣传报道，积极宣传合作组织先进典型、优秀品牌，营造良好发展环境。

以上通知，请认真贯彻执行。

二〇〇九年一月二十日

江苏省林业局关于印发《江苏省集体林权制度改革具体操作办法（试行）》的通知

苏林改办〔2009〕5号

各市、县（市、区）林业（林牧渔业、农林）局：

为落实《中共中央 国务院关于全面推进集体林权制度改革的意见》和《江苏省人民政府关于深化集体林权制度改革的实施意见》精神，加快推进全省集体林权制度改革工作，规范改革操作程序，特制定《江苏省集体林权制度改革具体操作办法（试行）》（以下简称《办法》）。现将《办法》印发给你们，请各地参照执行。

各地在依据《办法》推进集体林权制度改革的过程中，要认真总结经验，及时将相关意见和建议反馈给我们。我们将根据《办法》的施行情况和各地反馈意见，对《办法》进行修改和完善，进一步增强《办法》的科学性和指导性。

附件：江苏省集体林权制度改革具体操作办法（试行）

二〇〇九年四月二十日

附件：

江苏省集体林权制度改革具体操作办法

（试 行）

为推进我省集体林权制度改革，提高林地经营水平，积极探索股份合作的林改之路，根据《中共中央 国务院关于全面推进集体林权制度改革的意见》和《江苏省人民政府关于深化集体林权制度改革的实施意见》精神，结合我省平原人多地少、林地资源分散的实际，特制定本操作办法，请各地根据实际参照执行。

一、总体要求

（一）尊重群众意愿。农民是集体林权制度改革的主体，也是改革的受益者和操作者，要引导、尊重农民自主选择改革方式。集体经济组织的集体林权制度改革实施方案，必须依法经本集体经济组织成员的村民会议或由村民会议授权的村民代表（或户代表）会议通过。

（二）坚持分类指导。以均股均利方式推进集体林权制度改革，是实行家庭承包经营的一种形式。各地要根据当地森林资源状况、经济发展水平，社情民意、村情林情，因地制宜地制定具体改革方案，允许存在差异性和多样性，绝不能强求一律，搞一刀切。

（三）坚持统筹兼顾。改革要做到让农民得实惠，还利于民；要做到维护集体利益，壮大集体经济组织经济实力，提高集体经济组织可持续发展能力；要坚持不以牺牲生态为代价，把生态受保护作为改革的底线，维护生态安全。

（四）坚持依法改革。改革过程中，要严格执行国家和省等有关法律、法规和党在农村的各项政策，做到“依法、规范、有序”。

（五）保持政策连续。这次改革是农村综合改革的重要内容，是对以往林权制度改革的延续、完善和创新，不是简单的推倒重来，各地在实施过程中，必须保持政策的连续性，维护农村的稳定。

二、改革范围

（一）可采用均股均利方式改革的集体林权类型

1. 仍由集体经济组织统一经营的林地、林木，包括仍由集体经济组织所有并由集体经济组织统一经营的商品林、公益林等。

上世纪七、八十年代，集体经济组织为方便村民获取薪柴杂草，分给村民允许其从中取柴取草的林地。随着经济社会的发展，目前村民已多年不再到所分的林地中割柴取草，林地的经营管理事实上一直由集体经济组织负责。此类林地原则上按集体经济组织统一经营的林地处理。

2. 在本轮集体林权制度改革以前，已通过招标、拍卖、公开协商等方式流转的集体经济组织的林地、林木。其中符合法律规定、承包或流转合同规范的，予以维护，仍由原经营主体经营管理，纳入均股均利改革范畴处理，并将初始产权分配落实到本集体经济组织成员；合同不规范的，要予以完善，完善后仍由原经营主体经营管理，纳入均股均利改革范畴处理。已流转但不符合法律规定的，应依法纠正后，再根据实际情况按本办法有关款项重新纳入均股均利改革范畴处理。

3. 几种特殊类型的林地，主要包括：一是林业“三定”后，将本集体经济组织林地交由有关单位使用、管理，建立各种类型林场、自然保护区、风景名胜区等的林地；二是经营者自行开发经营的集体经济组织“四荒”地。

（二）暂不纳入均股均利改革的林权类型

在改革前已采取农村集体经济组织内部家庭承包经营的林地、林木，暂不纳入均股均利方式改革范围；存在林权争议，未调处完成的林地、林木，暂不纳入均股均利方式改革范围。

（三）不纳入集体林权制度改革的林权类型

已划归集体经济组织成员经营的自留山；林业“三定”前，集体经济组织交由有关单位使用、管理，建立各种类型林场、自然保护区、风景名胜区等的集体经济组织林地。

三、改革方式

（一）均股均利形式和凭证登记发放

1. 均股均利。即按本集体经济组织在进行此次改革时，由本集体经济组织成员的村民会议或由村民会议授权的村民代表（或户代表）认可的人口，将每宗林地、林木以平均的方法进行折股，确定出股权总份数和各集体经济组织成员应享有的股权。

2. 股权期限。股权期限原则上为70年。届满后，可以按国家有关规定，对原有股权期限进行延续，也可以由集体经济组织根据实际情况，进行调整和重新分配。

3. 股权登记和凭证发放。股权凭证由实施改革的集体经济组织负责登记发放，登记发放的工作程序必须符合法定民主议定程序。

（二）利益分配

1. 集体经济组织统一经营的商品林、公益林等。其净收益，可保留不高于20%作为公积金，用于扩大林业再生产。要将扣除公积金后的剩余收益，不低于70%按股权分配到人，其他用于本集体经济组织公益事业。

2. 已流转的林地、林木。在原林地流转的合同中承包主体一次性支付承包款的，如在本次改革时承包款仍有剩余，应将剩余款不低于70%按股权分配到人，其他剩余款项用于发展本集体经济组织公益事业。

流转合同中承包主体分期支付承包款的，从下一个支付承包款的时间起，集体经济组织每次均要将承包收益不低于70%按股权分配到人，其余用于发展本集体经济组织公益事业。改革时，若承包人前次支付给集体经济组织的承包款仍有剩余，应将剩余款不低于70%按股权分配到人，其他剩余款项用于发展本集体经济组织公益事业。

如原集体经济组织与经营主体采用收益分成的方式约定林地、林木的收益分配，在进行收益分配时，集体经济组织要将其不低于70%的净收益按股权分配到人，其他用于本集体经济组织公益事业。

3. 生态公益林生态补偿基金。对集体统一经营的生态公益林，生态公益林生态补偿基金目前主要用于生态公益林管护者在管护中发生的营造、抚育、保护和管理等费用支出和收益补偿，其使用和管理按《江苏省省级森林生态效益补偿基金管理办法》执行，明确管护责任主体。补偿基金用于营造、抚育、保护和管理等后，如还有节余的，原则上要将节余部分，不低于70%在本集体经济组织内按股权分配到人，其他用于本集体经济组织公益事业。

已流转的生态公益林。若承包合同中明确约定森林生态效益补偿基金使用办法的，按合同执行。如承包合同中没有约定，集体经济组织与承包主体另行商定。为加强公益林的保护，提倡公益林实行集体经济组织统一管护为主。

生态公益林通过抚育管理、经营开发、政策支持、征占用林地补偿等，集体经济组织有收益的，应将不低于70%的净收益按股权分配到人，其他用于本集体经济组织公益事业。

（三）几种特殊类型林权的处理

林业"三定"后，将本集体经济组织林地交由有关单位使用、管理，建立各种类型林场、自然保护区、风景名胜区等的林地，要依法维护经营管理单位的稳定和集体经济组织的合法权益。如果当时签订了相关合同，并有明确、合理的经济条款，按照原来签订的合同执行，继续由有关单位或其他集体经济组织经营管理；若当时未签订合同，或虽签订合同，但合同中经济条款不明确、不合理的，由集体经济组织与有关单位或其他集体经济组织协商，予以完善合同或补充、修改合同中的经济条款。

经营者自行开发经营的集体经济组织"四荒"地，要按照"谁造谁有、合造共有"的原则，维护开发经营者的合法权益。经集体经济组织相关会议讨论同意，可由该原开发经营者与集体经济组织完善承包合同后继续经营管理。承包合同中要有明确的林地租金或收益分成等经济条款，林地租金或收益分成等原则上从签订承包合同的次年算起。如集体经济组织相关会议与开发"四荒"地农户无法达成共识，要依法处理好权属纠纷后，再进行改革。

以上两种情况，在完善相关合同后，要将合同约定给集体经济组织的收益不低于70%平均分配到本集体经济组织成员，其他用于本集体经济组织公益事业。

四、改革程序

（一）调查摸底。集体经济组织对参与林权改革的集体林权现状作深入的调查摸底，通过走访、查阅林业“三定”档案，了解详细情况，查清本集体经济组织林权现状及问题。调查摸底的主要内容是：基准时间的人口数量；列入改革范围的林地现状；商品林、公益林等划分现状；林权纠纷情况，现有林地、林木经营情况、合同年限及群众对集体林权制度改革工作的认识和要求等。

（二）制定方案。集体经济组织在调查摸底的基础上，制定改革实施方案。方案要包括林改工作小组情况，集体经济组织的人口和林地、林木等基本情况，改革的主要范围和内容，改革方法以及保障措施等。方案要详细、准确、合法，有可操作性。集体经济组织的人口和林地、林木等基本情况要具体明确，特别是林地、林木基本情况要列出集体经济组织不同类型林地、林木的面积以及经营现状；改革方法要针对不同类型的林地、林木，参照本操作办法的有关条款，制定出具体、详细的步骤、方法，确保改革后股权明确到人；保障措施要从会议、培训、职责、人力、纪律等方面加以明确，及时解决改革中出现的问题和困难，确保改革顺利推进。

（三）张榜公示。集体经济组织集体林权制度改革工作小组依照法律、法规的规定，公布林改实施方案，征求本集体经济组织成员意见。

（四）召开会议。依法召开集体经济组织成员的村民会议或由村民会议授权的村民代表(或户代表)会议，经三分之二以上成员(代表)通过实施方案后，报所在乡(镇)人民政府批准。确定的林改实施方案要由集体经济组织负责人和参会村民签字，集体经济组织加盖公章，作为股权分配的主要依据。

(五)发放凭证。集体经济组织根据村民会议或经村民会议授权的村民代表(或户代表)会议决议，填写集体经济组织成员的股权登记表，落实本集体经济组织成员的股权，经公示无异议后，发放股权凭证。

(六)申领林权证。按照申请、审查、勘查、公示、登记、颁证等步骤，及时核发或换发林权证。集体经济组织和有关经营主体，要凭法定民主议定程序相关会议的决议、村民参会签名、已生效的书面合同等材料，依法及时申领林权证。县级林业主管部门和乡镇林业站负责对申请材料进行审查，并赴现场进行勘察。经公示后，由县级林业主管部门及时核发(换发)林权证。

(七)建立档案。县、乡(镇)、村均要建立集体林权制度改革档案。档案包括以下内容：集体经济组织关于集体林权制度改革的会议记录；成立集体林权制度改革工作小组的文件；村民会议或村民会议授权的村民代表(或户代表)会议通过，并经村民(代表)签名的各项决议和集体林权制度改革实施方案；集体林权制度改革摸底记录；经张榜公示的股权登记表；各类《承包合同书》；乡规民约；集体林权制度改革工作总结等资料。档案一式三份，由县级林业主管部门、乡(镇)人民政府和村集体经济组织各存档一份。

五、其他事项

（一）股权的继承和转让。股权允许继承，可以依法转让。转让时，受让方原则上应是本集体经济组织成员。转让需转让方、受让方签订由县级林业主管部门统一规范的合同文本后，由所在集体经济组织变更原股权登记，向新股权人发放相应凭证。股权转让时间不得超过该股权的剩余期限。

（二）均股均利后林地、林木的流转。均股均利后，集体经济组织统一经营的林地、林木允许依法流转。流转时须经执有三分之二以上股份的执股人同意。

已流转的林地、林木，在不改变林地性质和用途的情况下，允许经营主体将其所承包的集体经济组织的林地、林木转包或出租。转包时，无须经其他执股人同意，但须到所在集体经济组织备案。如因经营需要，可凭林权证申领所需的合法、有效手续，到县级林业主管部门变更登记，换发相应林权证。转让期限不得超过林地、林木承包期的剩余期限。

已流转的林地到期后，按集体经济组织统一经营的林地处理，可由集体经济组织统一经营，也可通过合法程序进行流转，流转时本集体经济组织成员享有优先承包权。

（三）均股均利后林地、林木的经营管理。均股均利改革后，已落实经营管理主体的林地、林木，仍由原经营主体自主经营、自负盈亏；仍由集体统一经营的，实行“利益均沾、风险共担”的经营形式，在经营过程中，投资开发、抚育管护、火烧迹地补植、林业有害生物防治等费用，从公积金和按股分配后的剩余收益中列支。如公积金和按股分配后的剩余收益不足，需要投工、投劳和投资的，持股人按股权承担相应的责任和费用。

（四）均股后林权证申领。集体经济组织统一经营的林地、林木由集体经济组织申领林权证。非集体经济组织统一经营的林地、林木，由承包人和权属主体申领相应权属的林权证。

（五）其他股份合作方式。鼓励各地根据实际，积极探索高效管理、长短结合、持续发展，有利于生态受保护、经济能发展、农民可增收、农村促稳定的其他股份合作方式。

（六）健全制度。集体林权制度改革过程中，集体经济组织要依法按村务公开的要求，针对均股均利改革后林地、林木经营开发、股权管理、收益分配、资金监管等方面建立健全相关制度，保障改革健康有序发展。

本操作办法未列入的事项和特殊情况，集体经济组织要根据自身实际，遵循民主议定程序依法决策。

本办法由江苏省林业局负责解释。

本办法自发布之日起实施。

附：江苏省集体林权股权证明书（参考样本）

附：

江苏省集体林权股权证明书

（参考样本）

<table>
<tr><td colspan="6">股权执有人情况</td></tr>
<tr><td>股权执有人</td><td colspan="2"></td><td colspan="2">身份证号</td><td></td></tr>
<tr><td>住址</td><td colspan="5"></td></tr>
<tr><td>占有股份</td><td colspan="5">股份：________ 股。
折合面积：________亩、株数：________株。</td></tr>
<tr><td>起止日期</td><td colspan="5">____年____月____日－____年____月____日</td></tr>
<tr><td colspan="6">执股林地情况</td></tr>
<tr><td>坐落</td><td colspan="5"></td></tr>
<tr><td>小地名</td><td></td><td>面积</td><td></td><td>株数</td><td></td></tr>
<tr><td>主要树种</td><td colspan="5"></td></tr>
<tr><td>林种</td><td colspan="2"></td><td colspan="2">设置股权总份数</td><td></td></tr>
<tr><td colspan="6">四至：</td></tr>
<tr><td colspan="6"></td></tr>
<tr><td colspan="6">林权证执有情况</td></tr>
<tr><td>林权证执有人</td><td colspan="2"></td><td colspan="2">身份证号</td><td></td></tr>
<tr><td>林权证号</td><td colspan="2"></td><td colspan="2">林地使用期</td><td></td></tr>
<tr><td>林权类别</td><td colspan="5"></td></tr>
<tr><td>起止日期</td><td colspan="5">____年____月____日－____年____月____日</td></tr>
</table>

股权变更登记表

变更时间	新股权人		备注(盖章)
	姓名	身份证号码	

本证明书执有人：____________(签字)

发证单位：____________________村(盖章)

发证日期：________年________月________日

注：1. 本证明书为供各地参考的样本，各地可根据实际情况，对有关项进行增减、完善。

2. 股权登记表中的内容要如实填写，如登记表所指林地尚未核发林权证，林权证执有情况栏可暂空，待林权证核发完成后，及时补充完整。

3. 如遇股权变更，要填写股权变更登记表，并加盖集体经济组织公章。

4. 本凭证股权人、村委会、乡（镇）人民政府、县林业主管部门各存一份。

江苏省林业局 监制